I0831097

ASÍ ES
LA PUTA VIDA

ASÍ ES LA PUTA VIDA

EL LIBRO DE ANTI-AUTOAYUDA

Jordi Wild

Papel certificado por el Forest Stewardship Council®

Primera edición: noviembre de 2022
Octava reimpresión: septiembre de 2025

Printed in Spain – Impreso en España

ISBN: 978-84-17809-90-4
Depósito legal: B-16.664-2022

Compuesto en M. I. Maquetación, S. L.
Impreso en Índice, S. L.
Barcelona

PB 0 9 9 0 C

ÍNDICE

PRÓLOGO

¿DE QUÉ VA ESTE LIBRO?

Si quieres, puedes. El mundo es tuyo. Los sueños están para cumplirlos. El universo siempre conspira a tu favor, porque tú eres especial y todos tus problemas solo están en tu cabeza. Puedes ser rico y famoso solamente con proyectarlo con tu imaginación. En una ocasión, un sabio que vivía en la montaña me dijo que nunca desistiera de mis objetivos, porque las señales estaban ahí…

¡NO! Olvida toda esta bazofia.

Ni eres el centro del universo ni tus sueños más locos van a cumplirse. Deja de fliparte. Probablemente no vas a triunfar. Ni de coña. Porque no eres especial…, al menos no como tú te crees. Olvídate de todas las chorradas de los libros de autoayuda y de los gurús baratos. De los *crypto bros* y de los que dicen «sé tu propio jefe».

Si esperabas eso de este libro, ya puedes tirarlo a la basura. Porque ESTE NO ES TU LIBRO.

Este libro no es una guía espiritual ni vital. No soy un gurú ni tengo pinta de gurú. No te voy a revelar ningún secreto que solo yo conozco (o que hago el favor de cederte por el pequeño importe económico de lo que cuesta este libro *guiño, guiño*). Aquí no hay recetas mágicas. No hay atajos ni tampoco te indico el camino de baldosas amarillas para visitar al mago de Oz.

Solo te voy a contar algunas cosas que he aprendido durante mi trayectoria, mi visión de lo que realmente es esta jodida broma llamada vida, mis aciertos (y, también, las no pocas hostias que me han enseñado más que nada en el mundo). Todo ello desde el máximo pragmatismo y, en la medida de lo posible, apoyado y respaldado por estudios y por la opinión de expertos que saben mucho más que yo. Porque, por supuesto, asumo que no lo sé todo, que puede haber errores o cosas discutibles en mis opiniones. Porque este libro no está escrito en piedra. Es mejorable, criticable y hasta debatible. De eso se trata, de hecho. De que no te creas nada ciegamente, ni siquiera lo que yo opino. Que nunca dejes de cambiar y evolucionar. Que abraces lo que yo considero una de las mayores joyas que tenemos como humanos: el pensamiento crítico.

Además de entretenerte, que es mi mayor aspiración con este libro, me encantaría que esta narración ayudara a algunas personas, sobre todo a las que están más perdidas y, por ende, son más proclives a la manipulación y a la frustración, a que pudieran abrir los ojos al pensamiento crítico, a relativizar un poco más lo malo (y también lo bueno), a no dejarse contaminar por la negatividad de las redes sociales, a no permitir engañarse por aquellos que van a querer aprovecharse de ellos, a alejarse de la toxicidad y a no vivir pensando que son los protagonistas de un maravilloso cuento de hadas. A olvidar que el mundo es maniqueo, de blancos y negros, y a entender que cualquier cosa se puede cuestionar. Que nadie lo sabe todo sobre todo. Que nadie es solo malo o bueno. Que esto no es una película de Star Wars.

Me gustaría que lo que vas a leer te permita entender un poco más el mundo desde un punto de vista realista, sin idealismos o moralina barata. Porque el ser humano es mucho peor de lo que algunos temen, pero también mucho mejor de lo que algunos pretenden.

Si consigo que solo una de estas ideas llegue a algún lector, ya me doy por satisfecho. Pero si no es así, lo dicho: espero que el viaje sea, como mínimo, divertido.

Así es la puta vida, y espero que estés preparado para aceptarlo.

Comencemos.

1

NO VAS A TRIUNFAR

Crecimos con la televisión que nos hizo creer que algún día seríamos millonarios, dioses del cine o estrellas del rock, pero no lo seremos y poco a poco lo entendemos, lo que hace que estemos muy cabreados.

Tyler Durden

En el mar puedes hacerlo todo bien, según las reglas, y aun así el mar te matará. Pero si eres buen marinero, al menos sabrás dónde te encuentras en el momento de morir.

Arturo Pérez-Reverte

La vida puede ser maravillosa, pero si te la tomas de forma realista. Es la única manera de evitar frustraciones y acabar machacado por la presión de uno mismo.

Así que voy a empezar fuerte quitándole la ilusión a mucha gente.

Ahí va: por mucho que lo intentes, por mucho que te esfuerces, es posible que todo salga mal. De hecho, es más que probable que la mayor parte de las cosas que creías que iban a salir de una manera, salgan de otra. Porque la realidad va a su aire. No puedes gobernarla tanto como crees.

El primer paso para vivir tranquilo es asumir que tus logros o tus fracasos no dependen tanto de ti como tú crees. Eso implica que lo más probable es que no triunfes. Por mucho que te esfuerces. Por mucho que te sacrifiques.

Porque el «efecto Rocky» no existe.

El «efecto Rocky» es una anomalía estadística

Rocky es una de mis películas favoritas. Uf, la he visto como veinte veces. Es emocionante e inspiradora. El paradigma de película de autosuperación. De hecho, la propia biografía del gran Sylvester Stallone, protagonista y guionista del film, un crack absoluto, es el paradigma de la autosuperación: venir de lo más bajo hasta llegar a lo más alto.

Pero la mayoría de las historias no son así. De hecho, estadísticamente, casi ninguna es así.

Desde que era adolescente, yo tenía claro que no iba a tener una vida rutinaria. No sabía si acabaría en el ámbito de la interpretación, que fue mi primera idea, si me introduciría en el mundo de la moda o si quizá trabajaría en televisión. No lo tenía claro, pero lo que tenía muy presente es que yo no quería tener una vida convencional. Siempre he sentido que era diferente y que no encajaba en una rutina laboral de 8.00 a 17.00.

Necesitaba salirme de la norma. Al menos, eso es lo quería intentar.

Yo cuando hago algo es para llegar a lo más alto posible, pero lo importante es que siempre he sido realista y he tenido en cuenta que lo más probable es que no lo fuera a conseguir. Es decir, que aquel propósito era mi plan A, pero también tenía plan B, C y D. Por esa razón, a pesar de que tenía claras mis metas, continué estudiando y me licencié en Psicología. Porque tener clara la meta no se traduce necesariamente en alcanzar la meta. Sabía que lo más probable es que no me fuera a salir bien mi sueño, así que la carrera era mi red de seguridad para tener otras oportunidades laborales más realistas.

La línea entre sueño y realidad es muy difusa. Aunque es difícil, lo más importante es ser realista con tus sueños. Tanto como puedas. Porque no todo consiste en intentarlo sin descanso. Es cierto que no debemos perder la cultura del esfuerzo. Pero esforzarse hasta la extenuación no siempre da frutos. Y si los da, pueden estar podridos.

Esforzándose hasta reventar

Según un estudio de 2016 publicado en *Neurology*, en el que se analizó a más de tres mil veinteañeros durante un cuarto de siglo de sus vidas, los que habían perseverado hasta el extremo para conseguir sus objetivos acabaron sufriendo toda clase de problemas de salud, desde hipertensión a un mayor riesgo de enfermedad cardiovascular. Lucharon tanto contra una realidad que no aceptaban, como quijotes lanzándose contra gigantes que son molinos de viento, que finalmente acabaron sufriendo una mayor lentitud cognitiva y hasta más problemas de memoria. Este enorme coste psicológico y fisiológico de perseverar frente a las dificultades es especialmente dañino en las personas que proceden de entornos desfavorecidos.

Eso es algo que nunca nos contaron en *Rocky* ni en ninguna otra película de autosuperación, como *Rudy (reto a la gloria)*, *En busca de la felicidad* o *Million Dollar Baby*. Todas ellas son películas brutales y maravillosas, pero poco representativas de una vida promedio. Son casos extremos. Eventos raros.

Son películas entretenidas y motivadoras. Pero no son historias que puedas calcar. Al menos no la mayor parte de las veces.

Otro ejemplo de cómo el mundo real se parece poco al mundo que se presenta en las películas: ¿es más probable llegar a la NBA si se crece en un entorno de clase media o en un entorno pobre? Aunque el cine y los medios de comunicación en general nos suelen contar la historia de que crecer en la adversidad fomenta el tesón necesario para llegar a la cima de un deporte, la realidad es justamente al revés. Nos han mentido desde que somos pequeños, lo que al final nos acabará frustrando. Aunque duela, esto es la puta realidad.

Los casos de jugadores de la NBA que han nacido en entornos pobres son anecdóticos. Es lo que ha constatado Seth Stephens-Davidowitz, el científico de datos de Google, en su libro *Todo el mundo miente*. Un niño afroamericano que nace en un condado rico de Estados Unidos tiene más del doble de probabilidad de llegar a la NBA que un niño afroamericano nacido en uno de los condados más pobres. En el caso de los niños blancos, la ventaja es del 60 %. La explicación no puede ser más sencilla: en primer lugar, los niños pobres tienden a tener una estatura más baja; y en segundo lugar, también tienden a ser menos obedientes, constantes, atentos, organizados y con buena autoestima.*

¿Entonces? ¿Quiénes triunfan? Esencialmente, quienes nacen en hogares donde las familias ya han triunfado.

* Según un estudio de 2014 realizado por la National Bureau of Economic Research.

Donde hay mucha pasta. En función de dónde hayas nacido, será posible pronosticar hasta cierto punto tu éxito y tu felicidad. Tanto es así que tu código postal es más importante para tu salud que tu código genético.*

El «efecto Eye of the Tiger»

Factores como el talento, el esfuerzo o la inteligencia también tienen un impacto muy moderado en el resultado de una vida exitosa, por mucho que nuestra intuición nos diga lo contrario (sobre todo si somos nosotros los privilegiados que han tenido ese éxito).**

Así que las cartas están parcialmente marcadas. Eso es verdad. También es verdad que si te esfuerzas demasiado en ganar un juego sin reglas limpias, acabarás quemado. Sin embargo, y esto no dejo de repetírmelo, tampoco debes olvidar que solo puedes ganar si juegas. **Si no juegas, ya has perdido.**

Y para jugar, debes estar motivado.

O dicho de otra manera: sin transpiración, sin esfuerzo, sin ganas... no participarás en el juego.

A veces el intentar alcanzar un objetivo no tiene tanto

* Según un estudio de 2016 realizado por el cardiólogo y experto en salud pública Garth N. Graham.

** De hecho, una reciente investigación publicada en *Advances in Complex Systems* revela que el factor más importante del éxito es el azar.

valor por el objetivo en sí, sino por el camino que has seguido. Por el aprendizaje que ha surgido cuando te dirigías hacia ese lugar. Todo el proceso puede ser flipante. Aunque no llegues a la meta, o no alcances una meta que estaba en tus planes iniciales. De esta manera, nunca sentirás que esos años invertidos en tus objetivos han sido una pérdida de tiempo. Nunca experimentarás el golpe del fracaso o la tristeza. Porque esos años han sido años provechosos: has conseguido saber más o has aprendido a ser más disciplinado, e incluso te lo has pasado bien.

Así que aquí viene otra cosa para tatuarse a fuego: hemos visto que el «efecto Rocky» no existe, pero lo que *sí existe*, y debes cultivar (esto te va a molar), es el «efecto Eye of the Tiger». Es decir, la motivación.

El «efecto Eye of the Tiger» se llama así en referencia al tema musical de Survivor que aparece en la película *Rocky III*. De hecho, la canción fue escrita a petición del propio Sylvester Stallone. Y es un temazo.

Canciones como esta te inyectan un chute de motivación cuando, por ejemplo, estás entrenando en el gimnasio. Te levantarán de la cama cuando tengas un día de bajón. Son canciones que, en definitiva, te permitirán recoger todos los frutos de tu largo viaje hacia la meta. Si hay motivación, la meta queda relegada a un segundo plano. Si consigues mantener en alto tus deseos de superación y de mejora, *ya has ganado*.

Por eso la motivación es mucho más importante que el objetivo y hasta más que el propio éxito.

Música motivadora

Un estudio* publicado en *Journal of Human Sport and Exercise* afirma ser el primero en investigar el efecto de escuchar listas de reproducción de música en la capacidad y el rendimiento de carrera de resistencia cuando se está mentalmente fatigado.

Según otro estudio** presentado en la Conferencia Anual de la Sociedad Británica de Psicología por Alexandra Lamont, profesora titular de Psicología de la Música en la Universidad de Keele, escuchar tus canciones favoritas cuando practicas un deporte competitivo mejora tu rendimiento. Algunos de los temas generalmente escogidos fueron: *Eye of the Tiger*, de Survivor (escogida por toda clase de deportistas) y *Lose Yourself*, de Eminem (más común entre corredores y futbolistas). También tuvieron mucho éxito temas de Kings of Leon, Florence and the Machine, Pendulum, Blondie, Muse, Rihanna y Black Eyed Peas.

Pero ¡cuidado! No te flipes: estar motivado está bien, pero también es natural y saludable que haya días que no

* <https://www.research.ed.ac.uk/en/publications/the-effect-of-self-selected-music-on-endurance-running-capacity-a>.

** < https://www.oxfordhandbooks.com/view/10.1093/oxfordhb/9780198722946.001.0001/oxfordhb-9780198722946-e-42>.

tengas ganas, o que seas cero productivo. Esos días también son necesarios para descansar, replantearse cosas y hasta coger más impulso.

Obsesionarse con ser eficiente en realidad te hace ser ineficiente. Necesitas días en los que tus ideas fluyan libremente, incluso ociosamente, porque esas son también formas de pensamiento productivas. Son formas de pensamiento que te llevan a sitios que no conocías o no habías previsto.*

La suerte no existe, pero puedes hackearla

Triunfé con 28 años. He fracasado muchas veces. Me he dado de hostias. Pero todo eso también ha sido un aprendizaje necesario. No fue un camino de rosas, o sí, pero de rosas llenas de espinas. Incluso llegué a plantearme que quizá debía olvidarme de mis aspiraciones y tomar otros caminos. Quizá el mundo empresarial. Tal vez trabajar en la producción de cine, detrás de las cámaras. No lo tenía claro. Lo que sí que tenía claro es que la creatividad debía formar parte de mi día a día.

En cualquier caso, no me tomé aquellos fracasos de forma dramática. Simplemente me conduje por el **prag-**

* Tal y como lo resumió el psicólogo Amos Tversky: «El secreto para realizar una buena investigación es siempre estar un poco subempleado. Desperdicias años al no poder desperdiciar horas».

matismo. Sabía que iba a probar suerte y que podía no tocarme el premio.

A mí nunca me ha gustado que me deseen buena suerte. Si alguna vez lo he dicho, ha sido más como coletilla que porque yo lo pensara de verdad. No es que no crea en la suerte, sino que creo que la mayoría de la gente habla de la suerte como un factor asociado al destino. Como si la suerte fuera una fuerza sobrenatural. Como un elemento crucial que propicia que las cosas vayan de una manera u otra. Yo creo en el libre albedrío y no soy determinista, de modo que en mi cabeza no puede entrar esa idea de la suerte. La magia no existe, así que esa idea de suerte no me resulta útil.

Para mí la suerte es una serie de causas y efectos que tienen una influencia en nuestra vida, pero que no las vemos ni las conocemos. Al menos no con suficiente precisión. La suerte es solo ignorancia. Un conjunto de influencias que quedan fuera de nuestra percepción directa.

Por esa razón, hasta cierto punto, la suerte puede invocarse. Voy a ponerte un ejemplo. Imagina que el resultado de tu vida dependiera de una tirada de dados en un casino de Las Vegas (o de dados dodecaedros en el caso de que te rayen los juegos de rol). Si no tiras los dados, no invocas la suerte. Pero no tienes control sobre el resultado de los dados. A lo máximo que puedes aspirar es a tirar los dados una y otra vez hasta que salga lo que quieres. O hasta que salga algo que te sirva.

Es decir, que incluso sin conocer los factores (las fuerzas implicadas en que salga un resultado u otro en tu tirada de dados), los puedes ir tirando de una manera, luego de otra, y finalmente de otra. Y, por el camino, ir adquiriendo experiencia, pericia en el lanzamiento. Hasta puedes pasártelo muy bien.

Factores que influyen en la suerte

Según el psicólogo Richard Wiseman, que ha dedicado gran parte de su carrera a estudiar a las personas que se consideraban afortunadas, básicamente hay tres factores para explicar por qué algunas cosas buenas les pasan a determinadas personas. En su libro *Nadie nace con suerte* desarrolla en profundidad estos factores:

1) Las personas afortunadas tienden a prestar atención a sus corazonadas. Los desafortunados ignoran su propia intuición y luego se arrepienten de la decisión tomada.

   En mi caso, yo sentía que debía dedicarme a algo relacionado con la comunicación y el espectáculo, aunque no tuviera claro todavía a qué.

2) Las personas con suerte perseveran cuando sufren un fracaso. Lo asimilan como un tropiezo, pero no dejan de disfrutar intentándolo. Se lo toman más como un juego.

Y así lo hice yo, y como era un juego, también continué estudiando. Asumía que solo era una lotería y que lo más probable es que no me tocara.

3) Las personas con suerte tienen la habilidad de convertir la mala suerte en buena suerte. Ante la obligación de llevar a cabo un cambio, los afortunados suelen afrontar el cambio como algo deseado o positivo.

Yo, por ejemplo, no acabé en el mundo de la interpretación o del modelaje, sino en YouTube. Algo que nunca me había imaginado. Porque de adolescente ni siquiera sabía de la existencia de YouTube. Es decir, que también tuve la suficiente flexibilidad para adaptarme a la nueva situación. Sabía que los sueños nunca pueden ser intocables, porque la realidad va a su aire. Debes adaptarte al mundo. Evitar pensar que la rigidez es un don.

La magia no existe, pero el placebo es lo que más se le parece

Si la vida es un juego con reglas no siempre justas, no nos queda otra que disfrutar del juego. De jugar por jugar. Si ganas, estupendo; pero si no ganas, no pasa nada, porque te lo habrás pasado bien jugando.

Sin embargo, eso no significa que no podamos invocar la motivación (el «efecto Eye of the Tiger») para estar completamente motivado a jugar. O la suerte para tirar más veces los dados. Además de todo eso, podemos hacer otra cosa. Podemos aprovecharnos de la dependencia de nuestro cerebro a los rituales y la superstición. Lo que en medicina se llama «efecto placebo».

Efecto placebo

Un placebo es una sustancia que carece de acción curativa, pero produce un efecto terapéutico si el enfermo está convencido de que es un medicamento realmente eficaz.

Cuando el anestesista estadounidense Henry Beecher sirvió en el ejército durante la Segunda Guerra Mundial, usó el placebo con soldados heridos porque no tenía suficiente morfina para calmar el dolor de todos. Les comunicaba a los soldados que iba a suministrarles morfina, cuando en realidad era un líquido desprovisto de cualquier efecto analgésico. Sin embargo, los pacientes comunicaban que el dolor se calmaba. Tras estudiar aquel efecto, publicaría su famoso estudio de 1955 *The Powerful Placebo*.

De hecho, en un metaanálisis de 2010 de Jay C. Fournier, «Antidepressant Drug Effects and Depression Severity»,* se puso de manifiesto que el placebo tiene casi los mismos efectos que los antidepresivos en el caso de depresiones leves.

Los amuletos son pseudociencia, pero no sus efectos psicológicos. Los amuletos son como el placebo de algunos medicamentos. Si nos contamos la historia adecuada, si nos creemos la narrativa, entonces podemos sentirnos mejor y también tener más confianza en nosotros mismos. Es lo que ocurre en la película *Dumbo*. La pluma que sostiene el elefante no es lo que le permite volar, sino sus orejas. ¡Las putas orejas! Pero, a efectos prácticos, la pluma, la autoconfianza, *sí* que es lo que le permite volar.

A primera vista, uno podría pensar que este empujoncito en la autoestima es artificial. Un espejismo que nos empuja a hacerlo mejor, pero que no se basa en algo real y tangible, y que, finalmente, en cuanto la inercia del empujoncito desaparezca, regresaremos al punto inicial. Sin embargo, la confianza permite hacer mejor una actividad, lo que provoca el fortalecimiento de la autoestima. Eso desencadena una inercia que permite que cada vez lo hagamos mejor.

* <https://jamanetwork.com/journals/jama/article-abstract/185157>.

La pócima de la creatividad

En esa línea se encaminaron los estudios de los investigadores del Weizmann Institute of Science de Israel, Lior Noy y Liron Rozenkrantz.* Estos dos científicos sometieron a 90 estudiantes a una prueba. A todos ellos se les dio a oler una sustancia con aroma a canela. A la mitad se les dijo que estaba diseñada para aumentar la creatividad.

Al terminar las pruebas, aquellos que pensaron que habían tomado esa *pócima mágica* obtuvieron mejores resultados. Ese placebo les hizo sentirse más confiados y osados, lo que sin duda fue beneficioso a la hora de desarrollar su creatividad.

Así que es bueno que busques tu propia pluma de Dumbo que te permita volar, pero no tan alto como para perder la perspectiva. Controla las expectativas. Aprende a contemplar el mundo con serenidad. Porque luego puedes caerte desde una altura demasiado alta y partirte la cabeza.

* <https://pubmed.ncbi.nlm.nih.gov/28892513/>.

La vida no es justa. La magia no existe. La suerte solo es ignorancia. Es probable que no ganes el premio gordo.

Pero eso no debe desanimarte. Al revés. Conocer cómo funciona el mundo te permite afrontar tu vida con mayor serenidad.

Además, existen estrategias que sí que te ayudarán a vivir mejor:

- El «efecto Eye of the Tiger» (motivación).
- El «efecto hackear la suerte» (predisposición).
- El «efecto placebo» (autoestima).

Bibliografía

Libros

- *El cisne negro: el impacto de lo altamente improbable*, de Nassim Nicholas Taleb.
- *Todo el mundo miente*, de Seth Stephens-Davidowitz.
- *Nadie nace con suerte*, de Richard Wiseman.

Películas

- *Rocky.*
- *Rudy (reto a la gloria).*
- *En busca de la felicidad.*
- *Million Dollar Baby.*
- *Dumbo.*

Estudios

- «Hostile attitudes and effortful coping in young adulthood predict cognition 25 years later», *Neurology*, 2016.
- «Fostering and Measuring Skills: Improving Cognitive and Non-Cognitive Skills to Promote Lifetime Success», National Bureau of Economic Research, 2014.
- «Why Your ZIP Code Matters More Than Your

Genetic Code: Promoting Healthy Outcomes from Mother to Child», *Breastfeeding Medicine*, 2016.

- «Choosing to Hear Music: Motivation, Process, and Effect», *The Oxford Handbook of Music Psychology*, 2015.
- «Talent Versus Luck: The Role of Randomness in Success and Failure», *Advances in Complex Systems*, 2018.
- «The Powerful Placebo», *JAMA*, 1955.
- «The effect of self-selected music on endurance running capacity and performance in a mentally fatigued state», *Journal of Human Sport and Exercise*, 2021.
- «Antidepressant Drug Effects and Depression Severity. A Patient-Level Meta-analysis», *JAMA*, 2010.
- «Placebo Can Enhance Creativity», *PLOS ONE*, 2017.

2

LA «PANDEMIA» DE NUESTRO SIGLO, LA QUE ESTÁ EN NUESTRAS CABEZAS

> Ojalá la vida fuese un poco más como en el cine. Quiero que un ángel venga a mí como le ocurre a James Stewart en *Qué bello es vivir* y que me quite esa idea del suicidio. Siempre he estado esperando ese momento de luz que me liberase y cambiase mi vida para siempre. Pero él no vendrá, esto no ocurre así.
>
> ***Prozac Nation***

> Las pistolas son ilegales; / las sogas fallan; / el gas huele fatal; / mejor es que vivas.
>
> **Dorothy Parker**

La pandemia de COVID-19, derivada de la enfermedad causada por el virus SARS-CoV-2, ha provocado un dolor inimaginable. Millones de personas han muerto en los cinco continentes. Y todavía está por ver la gran cantidad de efectos secundarios de los cientos de millones de personas contagiadas. Sin duda, una monstruosidad a nivel planetario. ¡Un desastre absoluto!

Sin embargo, y sin quitarle para nada la importancia a esta locura que nos ha cambiado la vida, a veces perdemos de vista que, a nivel estadístico, resultan mucho más preocupantes los datos de suicidios y problemas mentales. Datos que, naturalmente, han sido agravados por la propia pandemia.

COVID-19 y salud mental

Según una investigación de la Universidad de Mánchester y otras universidades e instituciones, uno de cada nueve adultos sufrió problemas de salud mental durante los primeros seis meses de la pandemia.*

Tras analizar encuestas mensuales entre abril y octubre de 2020 de 19.763 adultos, se concluyó que quienes habían sido más afectados por esta situación fueron aquellos que vivían en los barrios más desfavorecidos, los grupos étnicos minoritarios, quienes sufrían dificultades económicas y los que ya tenían una salud mental más deficiente.

* «Mental health responses to the COVID-19 pandemic: a latent class trajectory analysis using longitudinal UK data», *The Lancet*, julio de 2021, <https://www.thelancet.com/journals/lanpsy/article/PIIS2215-0366(21)00151-6/fulltext>.

Estos datos son tan alarmantes que podemos hablar de otra pandemia. Una pandemia que tiene lugar dentro de tu cráneo. Una pandemia que también está provocada por una especie de virus. Y a todos nos puede tocar.

Una tela negra que cubre los ojos

Afortunadamente, nunca he tenido una depresión. Cuidado: no es lo mismo estar triste que estar deprimido. Hoy en día, muchas veces la gente dice que está deprimida cuando en realidad está triste o simplemente tuvo un mal día. Todos hemos estado tristes o melancólicos alguna vez, pero no todos hemos estado deprimidos. La depresión clínica es una enfermedad grave y, en muchos casos, crónica. Así que puedo decir que yo nunca he tenido depresión, pero sí que conozco casos de personas cercanas que han tenido problemas mentales relacionados con la depresión y con el trastorno límite de la personalidad.*

Una de las cosas que más me choca al haberlo vivido tan de cerca, incluso habiéndome licenciado en Psicología y sabiendo cómo funciona, al menos de forma teórica, es

* El trastorno límite de la personalidad es una afección mental que se caracteriza por un patrón continuo de estados de ánimo, autoimagen y comportamientos inestables. Puede tener episodios de ira, depresión y ansiedad que pueden durar desde unas horas hasta varios días.

cómo la depresión elimina tu racionalidad. Cómo es capaz de borrar de tu mente lo que parece obvio. Para una persona deprimida, dos más dos no son cuatro. No entiendes cómo. Es realmente muy difícil de encajar que la persona que tienes delante no pueda percibir el mundo tal y como es. Como si una tela oscura le hubiera cubierto los ojos.

Hay personas deprimidas que incluso tienen una vida envidiable, pero que no son capaces de darse cuenta de ello. Tú le puedes decir: «Todo te va bien; eres una persona saludable, guapa, trabajadora, tienes amigos...». Y aunque todo eso sea verdad, la persona deprimida no es capaz de verlo. En su cabeza es una basura. No vale nada. Y entonces empieza a decir frases preocupantes del tipo «¿para qué vale la pena vivir?».

Para una persona como yo, que considera que no hay nada más bonito que vivir, y que además no hay nada que le dé más miedo que morir, esta clase de pensamientos me parecen terribles. Y lo peor de todo es que a cualquiera de nosotros nos pueden asaltar sin previo aviso.

La visión distorsionada de la realidad

Las personas que sufren de algún trastorno de ansiedad suelen presentar miedos desproporcionados e irracionales que en algunos casos nunca antes habían presentado.* Como el miedo a fallecer o a que lo haga alguno de mis seres queridos. Esto implica que se puede temer, de manera irracional, sufrir un accidente, caer enfermo repentinamente o incluso ser asaltado por la calle.

La depresión, incluso, es capaz de modificar nuestros recuerdos del pasado, sesgándolos para que parezcan más sombríos de lo que fueron, como señalan investigadores de la Universidad de Portsmouth (Reino Unido) y la Heinrich Heine Universität Düsseldorf (Alemania).** También nos incita a ver los resultados negativos del pasado como algo que se podía haber previsto pero que era inevitable, lo que aumenta la sensación de desamparo e incapacidad de controlar lo que nos rodea.

* «The impact of anxiety upon cognition: perspectives from human threat of shock studies», *Frontiers in Human Neuroscience*, mayo de 2013, <https://www.ncbi.nlm.nih.gov/pmc/articles/PMC3656338/>.

** «Hindsight Bias in Depression», *Clinical Psychological Science*, agosto de 2017.

Esta clase de pensamientos negativos son cada vez más comunes. Es cierto que ahora se está hablando más de las enfermedades mentales, afortunadamente (aunque también creo que debería normalizarse más y hablar de ello como hablamos de un resfriado o una gripe). Pero no son pensamientos comunes tan solo porque nos hayamos acostumbrado a hablar más de ello. Se tiene que reconocer que vivimos en una sociedad socialmente muy dura, sobrestimulada y competitiva, que facilita que haya cada vez más contactos sociales descontrolados, expectativas irreales, y por ello, problemas mentales, sobre todo **ansiedad y depresión**.

El dúo que está asolando el mundo.

En el siguiente capítulo analizaré las razones de este aumento de casos. Pero ya os adelanto una: nunca en la historia hemos vivido en un mundo donde es tan fácil compararse físicamente, y también a nivel de estilo de vida y éxito, con otras personas a través de las redes sociales. Estamos continuamente monitorizando nuestras virtudes y defectos, y además vemos estas características en otros miles de personas que probablemente están falseándolo todo en sus publicaciones para presentar siempre la mejor versión de ellas mismas (ángulos de cámara, filtros, iluminación, veintidós fotos hasta sacar una buena...). A la larga, esa clase de análisis va haciendo mella en nuestras mentes hasta que resulta insoportable para muchas personas. ¡Es que nadie es perfecto!

Personalmente, dudo mucho que nuestro cerebro esté preparado, desde que nos levantamos hasta que nos acostamos, para recibir estímulos sociales constantemente. Que si veinte mensajes de WhatsApp en minutos; que si Twitter histérico con la nueva «cancelación» del personaje de turno; una avalancha de noticias, muchas de ellas insultantemente estúpidas, en nuestro *feed*; que si Instagram con lo que ha subido tu primo Paco del pueblo; que si el vídeo de YouTube que quieres ver de tu ídolo; que si dos horas en Twitch... El bombardeo de estímulos es apabullante. Lo que finalmente crea un estrés psicológico tremendo.

Es la primera vez en la historia de la humanidad que vivimos una situación así, y me dan miedo las consecuencias a largo plazo para nuestros cerebros y nuestra sociedad.

Exhibición del dolor en redes sociales

La mezcla de depresión y redes sociales es explosiva por varias razones, pero es especialmente desagradable si observamos cómo los jóvenes usan las redes para exhibir su dolor, quizá como un desesperado grito de ayuda.

Un estudio reciente confirmaba el aumento de las «lesiones autoinfligidas no mortales».* Por ejemplo, cortes con hojas de afeitar o cabezazos contra la pared. El problema es que muchos de estas lesiones empiezan a publicarse en sitios como Instagram. Según otro estudio de la Universidad de Georgia, esta clase de publicaciones no deja de crecer en Estados Unidos.** Los hashtags son: #cutting, #selfharm, #selfharmmm, #hatemyself y #selfharmawareness.

* «Trends in Emergency Department Visits for Nonfatal Self-inflicted Injuries Among Youth Aged 10 to 24 Years in the United States, 2001-2015», *JAMA*, noviembre de 2017, <https://pubmed.ncbi.nlm.nih.gov/29164246/>.

** «Nonsuicidal Self-Injury on Instagram: Examining Hashtag Trends», *International Journal for the Advancement of Counselling*, septiembre de 2021.

Hay personas que pueden tolerarlo, otras se derrumban. Algunas que viven en sociedades tan exigentes como la japonesa prefieren abandonar el mundo real y vivir en el 2.0 o dentro de sus propias habitaciones durante semanas, meses o hasta años. Cualquier cosa antes que enfrentarse a la puta realidad. A este fenómeno, que es acojonante, en Japón se le llama *hikikomori*.* Aunque es un fenómeno muy japonés, también tiene lugar en otras partes del mundo. En España, por ejemplo, hay varios casos confirmados.**

Y más datos jodidos en España:

- El 19,5 % de la población española ha tenido algún tipo de trastorno mental a lo largo de su vida.
- A mediados de 2020, había 2,1 millones de personas con un cuadro depresivo.
- El 5 % de los españoles están diagnosticados con ansiedad y depresión.
- Los trastornos han aumentado del 1 % al 4 % en niños de entre 4 y 14 años.
- La depresión afecta más del doble a mujeres que a hombres: 7,1 % frente a 3,5 %.

* Este fenómeno sociológico también puede ser causado por otros problemas psicológicos, como la agorafobia, el trastorno de personalidad por evitación o la timidez extrema.

** Los casos confirmados en España por el Instituto de Neuropsiquiatría y Adicciones del Hospital del Mar de Barcelona tienen un promedio de aislamiento de 39,3 meses.

- Al hacernos mayores, la probabilidad de depresión aumenta. Su valor máximo se alcanza entre los mayores de 85 años (16 % de la población).

En algunos países del mundo, la situación es incluso peor.*

El problema silencioso del suicidio

El suicidio es uno de los problemas sociales más graves de las sociedades modernas. Pero apenas le hacemos caso. Apenas dedicamos tiempo de las noticias a hablar de ello. Apenas hay manifestaciones públicas para combatirlo como se merece.

Para que quede claro hasta qué punto el suicidio es un problema grave, voy a deciros un dato que os hará explotar la cabeza. En España, es once veces más probable suicidarse que sufrir un homicidio. Es decir, que tu peor enemigo no está allí afuera intentando matarte. Está dentro de ti.

Y eso es contradictorio con el mundo en el que vivimos. Solemos tener más miedo a que alguien nos asesine

* Según el estudio «Prevalence and variability of current depressive disorder in 27 European countries: a population-based study», publicado en *The Lancet Public Health*, los países con mayor prevalencia son: Islandia (10,3 %), Luxemburgo (9,7 %), Alemania (9,2 %) y Portugal (9,2 %). Los que tienen las tasas más bajas son la República Checa (2,6 %), Eslovaquia (2,6 %), Lituania (3 %) y Croacia (3,2 %).

a que nos matemos nosotros mismos. Pensamos que a nosotros no nos pasará, aunque estadísticamente es más probable que nos pase. Además, los medios de comunicación crean más alarma social cuando una persona muere a manos de otra persona antes que a manos de sí misma. Cuando hay un suicidio, hay un enorme silencio, en comparación. No solo en los medios, sino en general. Entre los políticos, en las instituciones. En la educación. Claro que entiendo el fenómeno de la imitación, pero es que no podemos esconder la mierda bajo la cama.

Una pincelada de este escenario que parece de película de terror:

- El 2020 se convirtió en el año con más suicidios en la historia de nuestro país.
- En total 3.941 personas se quitaron la vida.
- Es decir, una media de casi once personas al día.
- ¡Un suicidio cada dos horas!*

No me cansaré de repetirlo: nuestro peor enemigo está dentro de nosotros. La gran lucha está dentro de nuestra cabeza. Es algo que nunca debemos olvidar. Algo que debemos tener presente cada día. Los datos, como ya hemos visto, están ahí. Y son escalofriantes.

* Según datos del informe del Observatorio del Suicidio en España de la Fundación Española para la Prevención del Suicidio.

Y para ganar esta guerra interna, entre otras cosas, debemos controlar esa voz interior que se preocupa demasiado sobre cosas que no se pueden cambiar. También cuidarnos lo mejor posible. Porque nuestra cabeza no funcionará bien si no funcionan bien nuestro cuerpo y nuestro entorno. Todo es importante para salir adelante. Sin embargo, si tienes una depresión, esto es lo que tienes que rotularte en el cuerpo:

Hay que pedir ayuda. No tengas vergüenza

Una enfermedad mental, como ya he dicho, no es algo que podamos escoger. Te asalta y te ataca sin más. Algunas personas tienen mayor predisposición genética a sufrirlas. Otras, menos. Pero todos somos potenciales víctimas.

Naturalmente, podemos intentar minimizar los riesgos. Por ejemplo, haciendo deporte, comiendo bien, relacionándonos con personas sanas que sumen más que resten. Incluso mudándonos a un lugar con mejor clima. También podemos recibir buenos consejos psicológicos o hacer terapia, aunque hay que huir como si fuese una peste de algunos del tipo «tienes que esforzarte más». Porque si tienes el brazo roto, no sirve de una mierda esforzarse más.

Hacer ejercicio y madrugar para combatir la depresión

Según un nuevo estudio, el ejercicio aeróbico (andar, correr, ir en bicicleta, etc.) logra reducir los síntomas de depresión mayor en un 55 % de las personas, particularmente en aquellas con una mayor gravedad de los síntomas depresivos. En comparación con los ejercicios de estiramiento, el ejercicio aeróbico produjo una mayor reducción de los síntomas.*

Despertarse solo una hora antes cada día también podría reducir el riesgo de sufrir depresión mayor en un 23 %, según un nuevo estudio genético realizado en 840.000 personas por parte de investigadores de la Universidad de Colorado Boulder y el Instituto Broad del MIT y Harvard.** Probablemente esto ocurra porque al madrugar también tenemos una mayor exposición a la luz del sol, lo que da como resultado una serie de cambios hormonales que pueden influir en el estado de ánimo.

* «A randomized trial of aerobic exercise for major depression: examining neural indicators of reward and cognitive control as predictors and treatment targets», *Cambridge University Press*, agosto de 2020, <https://www.cambridge.org/core/journals/psychological-medicine/article/abs/randomized-trial-of-aerobic-exercise-for-major-depression-examining-neural-indicators-of-reward-and-cognitive-control-as-predictors-and-treatment-targets/427404599C9AD29FA5C891AFC3B86E52>.

** «Genetically Proxied Diurnal Preference, Sleep Timing, and Risk of Major Depressive Disorder", *JAMA Psychiatry*, mayo de 2021.

Pero a pesar de lo que podamos hacer, no todos los factores están bajo nuestro control.

Por mucha fuerza de voluntad que tengamos, al final puede que la enfermedad mental te asalte y te gane. Como sucede con cualquier enfermedad física.

En tal caso, hay que pedir ayuda profesional. Lo que incluye acudir a un especialista que determine si es necesario que empieces a medicarte. En el caso de que tu depresión se convierta en crónica, entonces no te queda otra que vivir con ello. Tal y como lo hace una persona con diabetes, con esclerosis múltiple o fibromialgia.

Pero eso no significa que toda tu vida vaya a ser un infierno, **para nada**. Millones de personas con depresión y ansiedad grave crónica, tienen vidas completamente funcionales, de éxito, con buenas relaciones sociales, y viven una existencia como cualquier otra. Como todo, o casi todo, en este mundo, se puede gestionar, lo único que se necesita es disponer de las herramientas, ya sean químicas o psicológicas.

Se puede superar lo peor, y la mayoría de los que leáis esto y estéis con el dragón a cuestas, lo vais a lograr.

Por último, algo importante que tener en cuenta es el estigma social asociado a estos trastornos. Si tú no eres responsable de sufrir una depresión, por ejemplo, tampoco te deben estigmatizar por ello (ni debes autoestigmatizarte). La depresión es algo que puede alcanzarnos a cualquiera de nosotros, como un resfriado, como ya he dicho. Aunque te cuides, solo es necesario que se dé la combinación adecuada de genes y ambiente para que te toque la lotería. No eres un bicho raro ni alguien a quien temer o querer apartar de los «sanos»; eres una persona con una condición, que merece todo el respeto y la comprensión del mundo.

Twitter para estudiar el comportamiento depresivo

Indirectamente, las redes sociales también podrían ser pronto una forma de diagnosticar depresiones. Al menos es lo que prometen estudios, todavía pequeños, que analizan a través de técnicas basadas en *big data* y minería de textos cómo hay cambios lingüísticos en los tuits de personas que se están medicando con antidepresivos o tienen síntomas depresivos.* Al parecer, quienes tienen síntomas de depresión usan significativamente más pronombres singulares en primera persona, como «yo».

En España se ha usado este enfoque por parte de investigadores del Programa de Investigación en Informática Biomédica (GRIB) de la UPF y el Instituto de

* «In an Absolute State: Elevated Use of Absolutist Words Is a Marker Specific to Anxiety, Depression, and Suicidal Ideation», *Clinical Psychological Science*, enero de 2018.

Investigaciones Médicas del Hospital del Mar (IMIM) de Barcelona.

Al parecer, quienes recibían tratamiento con antidepresivos tendían a escribir mensajes más largos, a interactuar más con los demás, a expresar más emociones positivas relacionadas con la felicidad y la sorpresa y a tuitear menos por la noche.*

* «Evaluating Behavioral and Linguistic Changes During Drug Treatment for Depression Using Tweets in Spanish: Pairwise Comparison Study», *Journal of Medical Internet Research*, junio de 2020.

EN RESUMEN:

Infravaloramos la alta probabilidad de que suframos una enfermedad mental. Y también que algún día podamos convertirnos en una persona con depresión.

Aunque hay estrategias para reducir la probabilidad de que eso pase, es algo que puede ocurrirle a cualquiera.

De hecho, muchas personas no encuentran una salida y pueden acabar suicidándose. Hasta el punto de que, en España, es once veces más probable suicidarse que sufrir un homicidio.

Tu enemigo no está fuera. Está dentro de ti.

Bibliografía

LIBROS

- *El demonio de la depresión*, de Andrew Solomon.
- *El hombre en busca de sentido*, de Viktor Frankl.
- *Hacer frente a la ansiedad*, de Edmund J. Bourne y Lorna Garano.
- *El poder de la neurodiversidad*, de Thomas Armstrong.

PELÍCULAS

- *Pequeña Miss Sunshine.*
- *Prozac Nation.*
- *El rey pescador.*
- *Qué bello es vivir.*
- *Las vírgenes suicidas.*
- *Alguien voló sobre el nido del cuco.*

3

LOS LIKES SON LA NUEVA DIVISA DEL MUNDO

> Los cuervos arrancan los ojos a los muertos cuando ya no les hacen falta; pero los aduladores destruyen las almas de los vivos cegándoles los ojos.
>
> **Epicteto de Frigia**

> La popularidad es la cuñadita guarra del prestigio.
>
> ***Birdman (o la inesperada virtud de la ignorancia)***

Las redes sociales pueden ser un agujero negro. Soy tan consciente de ello que intento hacer régimen digital. No abusar de ellas porque, como las grasas o los azúcares, su abuso puede conducirte a una espiral de consumo compulsivo.

Si tengo más presencia en redes es porque vivo, en parte, de ellas. A mí, que me valoren a través de likes me sirve incluso como herramienta laboral. Pero si fuera una persona con otro tipo de trabajo, alejado totalmente del ámbito de la comunicación, dudo mucho de que tuviera apenas presencia en las redes. Sobre todo en Twitter, que me parece la red más tóxica de todas.

No es que Twitter sea un infierno, sino que es una especie de purgatorio. Porque puedes encontrarte lo mejor y lo peor de la condición humana. De ti depende que logres crear una comunidad saludable y utilizarlo de la forma más limpia posible, aunque no siempre es fácil mantenerse al margen de todo el ruido.

Y hay demasiado puto ruido. Porque Twitter es la red social donde es más fácil descargar anónimamente tu frustración, tu rabia, tu odio, y también la forma perfecta de lanzar un moralismo barato para limpiar tu propia conciencia.

Todos necesitamos una palmadita en la espalda

El ser humano es un animal social. La aceptación de los demás es una parte fundamental de nuestra existencia. Vivimos por y para la reputación. A todos nos gusta recibir halagos y sentir que encajamos en la comunidad.* Por esa

* Esta motivación psicológica universal fue descrita por el psicólogo William James, nacido en 1842, como «el deseo de ser aceptado por los otros».

razón, la forma más cruel y dolorosa de hundir a una persona pasa por hundir su reputación mediante mentiras y bulos, o simple desprecio social.

Las redes sociales han exacerbado todas estas tendencias, estos circuitos de recompensa que vienen instalados de serie en nuestros cerebros, hasta volverse en nuestra contra.

Esto ha pasado básicamente por dos razones: sencillez y exposición.

- **Sencillez:** basta un simple movimiento con el dedo para mostrar adhesión o rechazo a cualquier causa. Es apenas un segundo de tu tiempo. Incluso puedes hacerlo mientras estás sentado en la taza del váter. Si te lo curras más, puedes escribir un tuit..., lo que te llevará menos de un minuto.

***Efecto secundario**: muchos movimientos sociales 2.0 tienen más de espejismo o postureo que de verdadera militancia o verdadero compromiso. Eso lo veremos más en profundidad en otro capítulo. También es muy fácil mandar a la mierda la reputación de cualquier cosa o persona.*

- **Exposición:** antes interactuabas más cara a cara con los demás. Ahora, cualquier acto que realices en internet va a ser público. Público a nivel planetario. Todo el mundo puede ver no solo lo que piensas, sino los «me gusta» que has suscitado. Todos nuestros gestos, firmas o likes están a la vista de los demás, sobre todo de nuestros amigos o seguidores, y se pueden cuantificar claramente. Como si fuera la calificación en un examen. Es decir, que estamos perpetuamente monitorizados por toda clase de personas, la mayoría de las cuales ni siquiera conocemos personalmente.

Efecto secundario: *tenemos una doble vida muy clara, una vida de exposición de nuestras virtudes, donde cualquier error o comentario políticamente incorrecto es ridiculizado públicamente, y otra vida donde podemos ser más nosotros mismos porque solo nos critican las personas que conocemos personalmente.*

Es decir, que las redes sociales, por su sencillez y exposición, pueden ser herramientas maravillosas. Pero también promueven la crueldad, el postureo y la hipocresía. La exhibición del virtuosismo moral al nivel de la exhibición de un vestido ceñido o un coche caro. Las ideas sencillas y demagógicas. El linchamiento colectivo. El tribalismo. La autoexigencia continua.

El mundo convertido en eslóganes baratos.

Tus opiniones, tu moral, tu integridad, tu simpatía, tu belleza, tu carisma... todo se mercantiliza y se cuantifica porque está exhibiéndose en un escaparate. El escaparate de una tienda que es visitada por miles de millones de personas. Y si nadie te compra tu mercancía, acabas jodido.

Porque te sientes de repente más rechazado y más solo que nunca antes en tu puta vida.

Un día subes una foto y tienes cuatro mil likes, pero al día siguiente, con otra foto, apenas llegas a los veinte likes. ¿Qué ha pasado? ¿No salgo tan guapo? ¿Has fallado en algo? Y entonces te desesperas, e intentas recuperar la reputación perdida. Una reputación que se ha esfumado en apenas unas horas. Y que luego vuelve a subir, y luego quizá vuelve a bajar. Y así constantemente. Y lo peor de todo es que quizá ni siquiera has hecho nada malo. Tal vez solo es un capricho de la gente. O te han malinterpretado. O te odian por cualquier razón y no quieren permitir que te expliques o te disculpes. O peor aún: a lo mejor ha sido el algoritmo el que ha decidido que tu fama se ha acabado. Sea como fuere, te sientes jodido, hundido, impopular, y necesitas remontar como sea.

Es una montaña rusa de emociones en la que muy pocos pueden mantenerse cuerdos demasiado tiempo. Es un arma de doble filo que te proporciona un chute de felicidad un día y te hunde en la miseria al día siguiente.

Seguramente, nadie quiere subirse en esta atracción de feria. Muchos quisieran no sentir la presión de las miradas de los demás. Preferirían decir lo que piensan de verdad sobre muchos asuntos. Dejar de posturear, o de buscar el mejor ángulo para hacerse un selfi. Pero eso no ocurre, o sucede de forma muy anecdótica, porque por encima de nuestro placer personal está nuestra necesidad de aprobación.

O dicho de otra manera: lo que nos proporciona más placer, lo que nos hace sentir mejor que nosotros mismos, es que los demás nos lo digan. O al menos eso es lo que ha provocado en muchas personas que pasan cada vez más horas en las redes sociales.

Y lo peor es que muchos se están convirtiendo en adictos de esta aprobación social, y no se dan cuenta de que es un castillo de naipes que puede desmoronarse en cualquier momento. Hablaré de esto en unas páginas.

El cerebro necesita ofrecer una buena imagen de nosotros mismos a los demás

Según un estudio del año 2014 dirigido por Tom Farrow y sus colaboradores de la Universidad de Sheffield,* hay áreas de nuestro cerebro que se vuelven extrañamente activas cuando intentamos dar a propósito una mala imagen de nosotros mismos: el córtex prefrontal medial y el córtex prefrontal ventrolateral izquierdo.

Pero, como explica un neurocientífico del Instituto de Medicina Psicológica y Neurociencias Clínicas de

* «Neural correlates of self-deception and impression-management», *Neuropsychologia*, enero de 2014.

Cardiff, Dean Burnett,* si estamos intentando caer bien a los demás, entonces la actividad cerebral no presenta esta anomalía y funciona como de costumbre.

Es decir, que la actividad habitual del cerebro es tratar de ofrecer una buena imagen de nosotros mismos a los demás, y por esa razón no se detecta nada raro en el cerebro cuando estamos haciendo justamente eso. Lo raro es que no lo hagamos. Entonces se disparan las alarmas.

En conclusión, nos autopercibimos, en gran parte, tal y como nos perciben los demás. Esta necesidad de aprobación social es lo que fomenta que las redes sociales sean tan adictivas, además de hipócritas y tóxicas.

Porque, normalmente, sabemos cómo comportarnos en diferentes contextos para recibir esa aprobación. Con nuestros amigos más íntimos somos de una forma, con nuestro jefe somos de otra, con nuestra familia, de otra... Es lo que se conoce como «máscara social» (o *persona*, para los entendidos de los JRPG), concepto acuñado por Carl Gustav Jung, uno de los principales pioneros del psicoanálisis y la psicología.

Pero en las redes sociales no hay compartimentos estancos y estas máscaras se diluyen. Todo lo que hacemos,

* *El cerebro idiota*, de Dean Burnett.

por lo general, llega a todo el mundo: amigos íntimos, conocidos, familia, compañeros del trabajo, jefes, novias, exnovias..., incluso muchas personas que no nos conocen de nada, pero que no dudarán en fiscalizar nuestras ideas o nuestro comportamiento.

Eso favorece que, a mayor tiempo en redes, más tendamos a construir un personaje que reciba la aprobación de la mayoría. Nos volvemos más cobardes. Menos auténticos. Más robóticos. Nos maquillaremos más. Hablaremos más sin decir nada.

Por si fuera poco, si nos estamos escondiendo detrás de un pseudónimo, las cosas no pintan mucho mejor: entonces nadie sabe quiénes somos o no debemos rendir las cuentas frente a nadie que nos importe verdaderamente. Así que acabamos siendo mucho más bestias, vehementes, e inhumanos. La empatía se reduce hasta la mínima expresión. No hay nada más tóxico que una cuenta de Twitter anónima que encima no teme las posibles consecuencias, porque seguramente ni existen. Pero eso lo analizaré en el siguiente capítulo, que habla sobre el *hate* y los troles.

Dios los cría, y ellos se juntan

Todos nos organizamos en redes sociales fundamentadas en la llamada homofilia (amor a los iguales), es decir, la tendencia a relacionarnos más con personas que se parecen a nosotros. Sin embargo, no todas las personas están situadas en el mismo conjunto, sino en diversas redes que no necesariamente están conectadas entre sí. Tal y como lo explica el sociólogo Nicholas A. Christakis:*

1. Número de personas a las que nos conectamos y a quienes escogemos para cada momento.
2. Forma en que las diversas redes se conectan entre sí (¿presentamos a todos nuestros amigos entre sí?, ¿presentamos a nuestra novia a los colegas del gimnasio?).
3. Intentamos controlar en qué lugar estamos nosotros (en una fiesta, ¿nos relacionamos con todo el mundo o nos quedamos en una esquina?).

Sin embargo, en las redes sociales 2.0, como Twitter, estas relaciones se vuelven mucho más incontrolables. Aunque puede haber cámaras de eco ideológicas, donde la gente solo consume lo que está en sintonía con sus ideas, es mucho más probable que no podamos gestionar con quién nos relacionamos, cómo conectamos a quienes conocemos o qué lugar ocupamos en toda esta red de conexiones.

* *Conectados. El sorprendente poder de las redes sociales y cómo nos afectan*, de Nicholas A. Christakis y James H. Fowler.

Adictos a la dopamina

Cuando una persona realiza una acción que satisface una necesidad o sacia un deseo, una sustancia química de nuestro cerebro, la dopamina, nos inunda de placer. Este sería el proceso simplificado: *te pica, te rascas, dopamina. Tienes hambre, comes, dopamina.* La dopamina es la molécula del deseo, la que controla nuestros impulsos y la que nos incita a buscar siempre nuevos estímulos o repetir los que ya nos gustan.*

El problema es que la dopamina puede ser adictiva, y por lo tanto la fama y la atención también pueden llegar a serlo. Así es como funcionan las máquinas tragaperras: *has invertido un dinero, lo recuperas y ganas más, dopamina.*

Eso es lo que pasa con los likes.

Cada like es como rascarse cuando te pica. Como devorar una tarta cuando tienes hambre. Y recibirlos es tan fácil... que cada vez quieres más y se vuelve normal verlos cada día. Cada hora. Si de repente no llegan, entonces te sientes raro. Como si faltara algo. Como si te hubieras sometido a un ayuno radical.

Por supuesto, no todos tenemos la misma necesidad de likes. Según nuestra genética y nuestra crianza, necesitaremos más o menos apoyo social para sentirnos bien con nosotros mismos. Por eso hay personas que están particu-

* *Dopamina. Cómo una molécula condiciona de quién nos enamoramos, con quién nos acostamos, a quién votamos y qué nos depara el futuro*, de Daniel Z. Lieberman.

larmente enganchadas a las redes sociales y viven solo para mostrar lo mejor de sus vidas, ocultando a toda costa cualquier defecto. Son normalmente personas más inseguras o necesitadas de cariño o buenas palabras. El problema es que llega un punto en el que no pueden vivir sin beber de ese grifo. Y si el grifo se cierra, pueden obsesionarse por recuperar lo que han perdido.*

Adicción al selfi

Tal y como explica Mark Borkowski,** un reconocido experto en relaciones públicas, plataformas como Facebook, Instagram o YouTube han favorecido que muchos adolescentes aspiren a ser famosos. Y, hasta cierto punto, cualquiera pueda convertirse en un pequeño famoso. De hecho, al recibir una cuota de atención por parte de seguidores de cualquier red social, muchos acaban comportándose como un famoso al uso: permanente obligado a ofrecer siempre su mejor cara, tanto física como ideológicamente.

* Según un estudio de 2015 publicado en *Plos ONE*, hasta el 40 % de la población sufre adicciones relacionadas con internet (correo electrónico, videojuegos, pornografía, etc.).

** *The Fame Formula: How Hollywood's Fixers, Fakers and Star Makers Created the Celebrity Industry*, de Mark Borkowski.

Hacerse muchos selfis es un ejemplo paradigmático de esta necesidad, tal y como reveló un estudio realizado por unos investigadores de la Universidad Nottingham Trent.* El estudio concluye que quienes se hacen más selfis se definen por la búsqueda de atención y normalmente tienen poca confianza en sí mismos.

Todo esto es una fuente de frustración enorme. Sobre todo si eres un adolescente que aún está construyendo su personalidad, su lugar en el mundo. Entonces cualquier crítica, tanto positiva como negativa, puede hacer de ti la persona más feliz del mundo... o destruirte para siempre. Al final, acabamos siendo como delicados jarrones de porcelana fina: aparentemente elegantes y caros, pero susceptibles de hacerse añicos al más mínimo golpe.

La nueva ola de narcisismo

Si los likes se han convertido en una forma de satisfacción fácil y rápida, hasta el punto funcionar como una moneda con tanto valor como el dólar o el bitcoin, es fácil darse

* «An Exploratory Study of "Selfitis" and the Development of the Selfitis Behavior Scale», *International Journal of Mental Health and Addiction*, noviembre de 2017.

cuenta hasta qué punto las nuevas generaciones se han vuelto totalmente dependientes de ese feedback. La reputación 2.0 se ha tornado así más importante incluso que la 1.0.

La presión social que implica este cambio de paradigma es brutal.

Todo esto tiene consecuencias psicológicas que todavía se están analizando. Pero no es difícil imaginar lo que ocurre cuando te pasas media vida mirándote en el espejo o tratando de recibir halagos y aprobación de cientos o miles de personas que ni siquiera conoces personalmente.

Que te vuelves mucho más narcisista. Dorian Gray, a tu lado, se quiere poco.

Al igual que el adicto a las máquinas tragaperras se vuelve ludópata o el adicto a la comida se vuelve obeso, el adicto a los likes se vuelve narcisista.

Ahora hay una máquina tragaperras y un restaurante de comida rápida permanentemente instalada en nuestros bolsillos: el smartphone. El smartphone está con nosotros las veinticuatro horas del día. La mayoría de los adolescentes lo miran varias veces cada hora (incluso más), siempre atentos a cualquier nuevo comentario, mensaje, «me gusta» o cualquier otro aviso social. Muchas personas ya afirman que no podrían vivir sin su smartphone.

Es su conexión con el mundo social.*

* En 2008, los adultos empleaban en su teléfono una media de dieciocho minutos de su tiempo al día; en 2015, el tiempo aumentó a dos horas y cuarenta y ocho minutos al día.

Es inevitable que eso produzca una ola de narcisismo como nunca antes se ha visto en la historia.

La generación yo

En su libro *Generation Me*, Jean M. Twenge recopila doce estudios en los que se comparan las diferencias generacionales entre 1,5 millones de jóvenes estadounidenses, concluyendo que los nacidos entre 1970 y 1990 forman parte de la generación más egocéntrica, consentida y narcisista de la historia.

La autoestima parece haberse convertido en la clave de la felicidad, por esa razón, según un estudio realizado por el propio Twenge,* el 86 % de los estudiantes universitarios de la década de 1990 afirmaba tener un nivel de autoestima superior, a diferencia de los estudiantes universitarios de 1968.

Muchas adolescentes ahora sufren más que nunca por su aspecto físico porque este está expuesto en las redes sociales. Según explica Martin Lindstrom,**

* «Age and Birth Cohort Differences in Self-Esteem: A Cross-Temporal Meta-Analysis», *Personality and Social Psychology Review*, noviembre de 2001, <https://journals.sagepub.com/doi/abs/10.1207/s15327957pspr0504_3>.

** *Small Data: Las pequeñas pistas que nos advierten de las grandes tendencias*, de Martin Lindstrom.

gracias a los datos de los smartphones ahora sabemos que las adolescentes se levantan cada vez más pronto. ¿La razón? Escoger bien la ropa y el maquillaje para aparecer lo mejor posible en el primer selfi de la mañana:

> Mi investigación revelaba que las chicas empleaban alrededor del 80 % de sus horas de vigilia meditando sobre lo que llevaban puesto ese día, lo que estaban pensando ponerse el próximo día y sobre la ropa en general.

En mayor o menor medida, todos necesitamos aprobación. Es algo natural. El problema es que las redes sociales exacerban esa necesidad hasta convertirla en una adicción.

Si nos volvemos adictos a los likes, empezamos a depender demasiado del juicio de los demás.

Las redes sociales también nos dan una cuota de protagonismo inédita en la historia. Nos sentimos famosos o aspiramos a serlo. Lo que finalmente facilita que nos hayamos convertido en la generación más narcisista de la historia.

Bibliografía

LIBROS

- *Dopamina. Cómo una molécula condiciona de quién nos enamoramos, con quién nos acostamos, a quién votamos y qué nos depara el futuro*, de Daniel Z. Lieberman.
- *Conectados. El sorprendente poder de las redes sociales y cómo nos afectan*, de Nicholas A. Christakis y James H. Fowler.
- *El cerebro idiota. Un neurocientífico nos explica las imperfecciones de nuestra materia gris*, de Dean Burnett.
- *The Fame Formula. How Hollywood's Fixers, Fakers and Star Makers Created the Celebrity Industry* («La fórmula de la fama: cómo los productores, falsificadores y fabricantes de estrellas de Hollywood crearon la industria de las celebridades»), de Mark Borkowski.
- *Small Data. Las pequeñas pistas que nos advierten de las grandes tendencias*, de Martin Lindstrom.
- *Generation Me*, de Jean M. Twenge.
- *The Narcissism Epidemic. Living in the Age of Entitlement*, de Jean M. Twenge.

PELÍCULAS

- Capítulo 3x01 de *Black Mirror:* «Nosedive (caída en picado)».
- *American Psycho.*
- *La red social.*
- *No mires arriba.*

ESTUDIOS

- «The Effect of U.S. University Students' Problematic Internet Use on Family Relationships: A Mixed-Methods Investigation», *Plos ONE*, diciembre de 2015.
- «Age and Birth Cohort Differences in Self-Esteem: A Cross-Temporal Meta-Analysis», *Personality and Social Psychology Review*, noviembre de 2001.
- «An Exploratory Study of «Selfitis» and the Development of the Selfitis Behavior Scale», *International Journal of Mental Health and Addiction*, noviembre de 2017.
- «Neural correlates of self-deception and impression-management», *Neuropsychologia*, enero de 2014.

4

¿QUÉ TE IMPORTA ESE GILIPOLLAS?

Quien insulta pone de manifiesto que no tiene nada sustancial que oponerle al otro; ya que de lo contrario lo invocaría como premisas y dejaría que el auditorio extrajera su propia conclusión; en lugar de ello, proporciona la conclusión y queda debiendo las premisas.

Arthur Schopenhauer

Don't feed the troll.

Sabiduría popular en internet

Creo que ya estamos viviendo en una distopía. En el cine de ciencia ficción (como *Blade Runner* o *Regreso al futuro,* dos películas que adoro) definían el siglo XXI como la era de los coches voladores, los robots clavados a nosotros, pero más inteligentes y fuertes, monopatines de antigravedad..., pero en vez de estas maravillas, tenemos TikTok y retos virales donde gente descoordinada mueve el culo.

Me siento engañado.

Esta distopía nuestra no transcurre en un mundo posapocalíptico donde hay escasez de agua a lo *Mad Max*, o de comida a lo *Cuando el destino nos alcance*, o de fertilidad a lo *Hijos de los hombres*, o de libertad política a lo *V de Vendetta*.

Todo eso está pasando hasta cierto punto, o quizá acabará pasando si viene otra pandemia o algún dictador que domine medio mundo, pero nuestra mayor distopía actualmente es la mercantilización de nuestra vida en el 2.0. Una distopía donde nuestros datos son cada vez más públicos.

Un mundo donde, gracias a internet, el odio puede expandirse tan fácilmente como un virus. Donde la incultura y la mentira crecen como malas hierbas en un huerto bien cuidado, abonado incesantemente por las *fake news* y la polarización de las redes sociales.

Ya estamos en un mundo distópico. Lo que ocurre es que es muy poco espectacular. Muy poco cinematográfico.

Lo dicho, quiero mis coches voladores.

Millones de personas no han sido abducidas por alienígenas, sino por esas dos horas (como mínimo) diarias que hemos invertido haciendo *scroll* en *reels* e historias de Instagram, Facebook o TikTok, en las que quizá ni siquiera te lo estás pasado bien, y simplemente estás perdiendo el tiempo de la forma más insustancial posible. Has estado haciendo eso como un autómata o un replicante. Por matar el tiempo. Empujado por el consumo compulsivo. Por los *loops* de dopamina barata. Por unas redes sociales que contienen mecanismos de enganche exactamente iguales que los de los casinos y las máquinas tragaperras.

Y lo peor de todo es, como ya dije en el anterior capítulo, que la percepción de nosotros mismos acaba siendo moldeada caprichosamente por las hostias y los ojos fiscalizadores de innumerables personas en las redes sociales.

De repente, miles de personas pueden tardar literalmente cinco segundos en llamarte calvo, en llamarte gordo, en llamarte bizco. Puedes estar a cinco segundos de sentir la mayor presión social de toda tu vida.

Bienvenido a la verdadera distopía.

La desinhibición del troll

Antes de nada, ten en cuenta una cosa cada vez que recibas *hate* por redes sociales: una persona verdaderamente feliz no invierte cinco segundos de su vida en llamarte calvo o gordo. Ni mucho menos escribe un hilo de tuits para razonar por qué eres escoria.

En términos generales, las personas que hacen eso, los troles, están frustradas y necesitan desahogarse o recibir una cuota de atención. Otros necesitan sentirse poderosos provocando una respuesta emocional de su víctima.

Psicología del troll

Un estudio realizado por psicólogos de las universidades canadienses de Manitoba, Winnipeg y British Columbia ha profundizado en la psicología de los troles de internet.* En realidad, sus mensajes provocadores, que tienen la intención de molestar o incitar una respuesta emocional, podrían ser una forma de desahogo.

Y es que los rasgos de personalidad que se detectan tras haber estudiado a diversos grupos de troles suelen coincidir en que son maquiavélicos, con rasgos de personalidad narcisistas (solo piensan en sí mismos), con patrones de comportamiento propios de psicópatas (falta de remordimientos o empatía) y sádicos (disfrutan con el sufrimiento de los demás).

Además, una de las razones más importantes para que los troles puedan llegar a ser tan crueles es lo que se llama «desinhibición online».

Gracias al anonimato o simplemente al hecho de que pueden enfrentarse a los demás sin estar delante de ellos, protegidos en sus casas o incluso instalados en otras ciudades o países, se sienten menos cohibidos. Un efecto parecido al que vemos en las grandes aglomeraciones o las

* «Trolls just want to have fun», *Personality and Individual Differences*, septiembre de 2014.

manifestaciones, donde a veces la responsabilidad individual desaparece y todos actúan en grupo de forma más violenta de como lo harían en solitario.

A través de una pantalla no interactuamos verdaderamente con la otra persona, porque no le vemos la mirada, los gestos, el tono de la voz…, lo que al final provoca que no adoptemos las normas sociales habituales.

Cosificamos a la otra persona. No nos damos tanta cuenta del daño que le hacemos. Así que tendemos a ser más desconsiderados y crueles. Además, por muy gordo que sea lo que has soltado, puedes esfumarte y no volver a ver a esa persona que has vejado.

Esta sensación se parece más a la conducción por carretera: no vemos claramente la cara del otro, y mucho menos sus ojos, y nuestra interacción no solo es muy corta, sino que probablemente nunca más veremos a esa persona a la que le hemos insultado o le hemos tocado el claxon. Eso provoca también una desinhibición en muchos conductores, que se comportan de forma más agresiva o vehemente de lo que lo harían fuera del coche.*

Como animales sociales que somos, hemos evolucionado para transmitir y recibir nuestras emociones con miradas, gestos, voces, gemidos, jadeos y hasta señales conscientemente imperceptibles. En el mundo online, como en un coche o en una aglomeración de *hooligans*, todo eso se diluye.

* *Tráfico*, de Tom Vanderbilt.

Los troles, en persona, seguramente serían individuos educados y hasta razonables. No se atreverían a decirte lo que te dicen por redes. Sabiendo esto, es más fácil aceptar que en realidad no te está insultando otra persona. Te está insultando la versión chunga y desinhibida de una persona. Como si fuera un borracho. Alguien a quien no debemos prestar demasiada atención porque no es dueño de sí mismo. Un simple gilipollas.

Desinhibición online

Cuando se retira el contacto humano tendemos a actuar de forma inhumana, tal y como demostraron los estudios clásicos de Philip Zimbardo y Stanley Milgram en 1969.* En ellos, los rehenes encapuchados tenían más probabilidad de que los mataran que los rehenes que estaban a cara descubierta. Porque sin cara perdemos humanidad. Nos pueden tratar más como objetos.

Un metaanálisis de 72 estudios** sugiere que, entre 1979 y 2009, la empatía entre los estudiantes uni-

* «The Past and Future of U.S. Prison Policy. Twenty-Five Years After the Stanford Prison Experiment», *American Psychologist*, 1998.

** «Changes in dispositional empathy in American college students over time: a meta-analysis», *Personality and Social Psychology Review*, mayo de 2011.

versitarios ha ido disminuyendo progresivamente. Ahora son menos propensos a plantearse las cosas desde el punto de vista del otro y muestran menos preocupación por los demás, tal vez porque se relacionan más online.

Solo deciden dañarte si saben que te duele

Voy a decirte una obviedad que a menudo olvidamos: **no vas a gustar a todo el mundo**. Hagas lo que hagas, seas como seas, opines lo que opines, siempre habrá gente que te despreciará. Aunque seas la persona más maravillosa del universo. Aunque hayas encontrado la cura del cáncer. Siempre habrá alguien que encontrará una razón para criticarte. A veces constructivamente, sí, pero otras veces solo para joderte. Para ponerse por encima de ti. Ya sea por envidia o por frustración. Incluso puede que lo haga porque se aburre. O incluso es posible que sencillamente no le caigas bien, sin más.

Si tu idea de la vida es gustar a todos tus amigos y conocidos, vas a estar perpetuamente amargado.

Cuando entras en una red social y pones públicamente tus pensamientos e imágenes, tienes que ser perfectamente consciente de que has entrado en un juego en el que pueden lapidarte a saco y por infinidad de razones. Si no eres consciente de eso, abandona las redes. Si te compensa, adelante. Pero nunca olvides que, cuantos más seguidores tengas, más probable es que te encuentres en situaciones muy desagradables. Situaciones que pueden ser verdaderamente graves cuando la persona que está detrás es particularmente insistente o tóxica. Los puedes llamar troles o haters. Pero son la misma clase de persona.

La razón de que existan es muy fácil. De la misma manera que nos complace un «me gusta», un «like», un «fav» o cualquier *input* positivo a través de internet, su reverso tenebroso nos produce un efecto contrario igualmente intenso. Los troles existen y proliferan porque saben que son capaces de hacernos mucho daño. Se alimentan de la reacción que causan en sus víctimas. Son como los dementores de Harry Potter.

La depresión y la ansiedad de estar demasiado tiempo en red

En un estudio publicado en *Addiction Biology*,* un grupo de investigadores ha encontrado asociaciones significativas entre el uso de dispositivos electrónicos y los signos de depresión y ansiedad, así como el tabaquismo y el consumo de alcohol.

* «Associations between electronic devices use and common mental traits: A gene–environment interaction model using the UK Biobank data», *Addiction Biology*, diciembre de 2021.

Investigadores de la Universidad de Harvard también han publicado un estudio en *JAMA Network* sobre la correlación entre el uso de algunas redes sociales y el aumento autopercibido de síntomas depresivos.* De media, se asoció que Snapchat multiplicaba por 1,53 la probabilidad de padecer un empeoramiento de síntomas depresivos, mientras que Facebook multiplicaba el riesgo por 1,42, y TikTok por 1,39.

¿Cómo afrontarlo? Lo primero que te recomiendo es que no pierdas el tiempo leyendo comentarios negativos o críticas destructivas (las constructivas son solo las que te resultarán útiles para mejorar). Sé de gente tremendamente famosa, con la que tengo muy buena relación, que se hace mala sangre leyendo tuits de seguidores amargados. Que les afecta mucho, a pesar de que esa persona se esconde cobardemente tras un pseudónimo. Que les duele, aunque probablemente no esté lanzando más que mierda sin ningún sentido. Y estoy hablando de gente realmente relevante, famosa, rica, que tiene un estatus elevado y que nunca dirías que ni tan siquiera se interesaría por lo que *manolo_realmadrid12* diría de él.

* «Association Between Social Media Use and Self-reported Symptoms of Depression in US Adults», *JAMA Network*, noviembre de 2021.

Pues les interesa, y les amarga el día.

Entiendo esa necesidad, porque todos tenemos curiosidad por saber lo que piensan los demás de nosotros. Pero hay cosas que es mejor no saber. Básicamente porque son cosas que no son verdad, y no nos hacen ningún bien. Cosas que solo son un reflejo del odio, la frustración y el ánimo de hacer daño.

Y que, aunque en algunos casos sí sean ciertas, no se gana nada fustigándose con pensamientos negativos que otros tienen de nosotros y cuyo único motivo por el que intentan que nos lleguen es la rabia, la nula empatía o simplemente la mala educación.

Ejemplo: alguien con sobrepeso sube una foto en la playa. EVIDENTEMENTE él es consciente de que no tiene la figura perfecta, no hace falta que cualquier usuario random de internet se lo recalque y tarde veinte segundos en escribirle «estás gordo, bro», «buena barriga», «*fatboy*», o lindezas similares. Comentarios de tan poco nivel intelectual y tacto tienen que provocarnos el mismo bajo nivel de reacción, es decir, casi nulo. Intentar equiparar acción y reacción.

Relacionado con esto, lo segundo que te recomiendo es que, en caso de que te llegue ese *hate*, cosa inevitable en esta época, no le des mayor importancia. Los troles solo existen porque les hacemos caso. La mejor forma de desarmar a alguien así es demostrarle que no es nadie para ti. El *hate* se crece frente al dolor de su víctima. Es el dolor el que le da fuerza, el que le hace sentir importante. Una simple interacción, la que sea, ya es suficiente para abonar su necesidad de sentirte poderoso. No le des esa satisfacción. No sientas un precedente. Haz como en muchas películas donde dicen: «No negociamos con terroristas». Si abres esa puerta, luego te costará un huevo cerrarla.

Existe el famoso «efecto Streisand», que seguro que a muchos os suena por haberlo escuchado recurrentemente en los últimos años. Para los que no: en el año 2003, Barbra Streisand, una famosísima actriz y cantante estadounidense, quiso censurar la publicación de unas fotografías aéreas de una playa de Malibú en las que se veía parte de su mansión. Las fotografías eran inocuas y habían pasado completamente desapercibidas, con un total de seis descargas, ¡seis!, pero el hecho de que Streisand las denunciara públicamente, pidiendo incluso acciones legales contra el fotógrafo, hizo que cientos de miles de personas se enteraran de repente de su existencia y se convirtieran en virales. Es decir, al querer prohibir algo, provocó el efecto totalmente contrario al poner el foco mediático sobre ese algo. Y este no es el único caso histórico de un fenómeno similar, incluso antes de Cristo se conocen casos semejantes, como la fallida condena al olvido de Eróstrato en el 356 a. C.

Es decir, que muchas veces es mejor obviar, ignorar, en lugar de seguir con un tema que solo te puede provocar pesar.

Finalmente, nunca debes olvidar lo siguiente: para esa persona que te ha intentado ridiculizar, que te ha vejado, que se ha metido con tu físico o con tu trabajo... solo eres diez o quince segundos de su pensamiento. En realidad, le importas una puta mierda. Y si mañana te mueres, le va a dar absolutamente igual. Si tú para él eres eso, ¿por qué a ti tiene que molestarte lo que diga? ¿Por qué para ti tiene que ser más molestarte de lo que tú eres para él?

Si demuestras a los demás que te resbala lo que te digan, se cansarán. Porque lo que incentiva al troll a trolear es comprobar el daño producido. Si no hay daño, no encontrará ningún aliciente para seguir adelante. Bueno, sí, habrá casos patológicos de personas obsesionadas contigo y seguirán erre que erre. En tal caso, lo tienes más fácil: son personas que están mal de la cabeza. Lo que digan aún debería tener menos valor para ti. De hecho, hasta deberías compadecerte de ellos.

Y si te acosan o difaman de forma intolerable, entonces siempre puedes interponer una denuncia. Que para eso está la justicia.

Pero no todo es tan malo

En un capítulo anterior, dije que Twitter no es el infierno, solo es el purgatorio. Las personas, online, pueden ser lo peor, pero también lo mejor. No todo es negativo en las redes sociales. Hay algunos aspectos, algunos realmente importantes, que son muy positivos.

No todo es *hate* y *fake news*. En ocasiones, las redes sociales nos permiten contactar con personas maravillosas. Gracias a las redes sociales también podemos expresarnos, como si todos nosotros tuviéramos en casa un medio de comunicación de alcance global. Podemos contactar, potencialmente, con cualquier persona del mundo que tenga conexión a internet. También podemos aprender, ver otros puntos de vista que nos enriquezcan, tener un contacto más directo y personal con aquellas personas que admiramos, o simplemente entretenernos y reírnos con los millones de memes y bromas absurdas que podemos encontrar a pocos clics.

El consumo digital no tiene que ser necesariamente más nocivo que el consumo de medios tradicionales. Todo depende del tipo de uso, de si hay abuso o de la persona que analicemos.

Soledad durante la cuarentena

El confinamiento debido al COVID-19 en Perú, en la primavera de 2020, permitió hacer un estudio con más de 700 adolescentes sobre la influencia que tuvo en ellos el consumo de pantallas.* Según los resultados, lo relevante no era tanto el número de horas que pasaron delante de las pantallas como la calidad de sus interacciones online.

En general, para los adolescentes del estudio que encontraron apoyo online, como el que proporcionaba el chatear con amigos y familiares a través de WhatsApp o unirse a videojuegos multijugador online, las pantallas les resultaron beneficiosas para su salud mental.

La interacción 2.0 incluso puede que nos permita arreglar problemas de autoestima. Por ejemplo, se ha descubierto que las personas que usaban avatares atractivos en *Second Life* mostraban más seguridad en sí mismos al hablar con otras personas.** Y no importaba que en la vida real fueran más o menos atractivos. Lo más sorprenden-

* «Positive and Negative Online Experiences and Loneliness in Peruvian Adolescents During the COVID-19 Lockdown», *Journal of Research on Adolescence*, agosto de 2021.

** «The Proteus Effect: The Effect of Transformed Self-Representation on Behavior», *Human Communication Research*, 2007.

te es que al regresar al mundo real, parte de esa seguridad adquirida online permanecía offline. O sea, que *Second Life* servía como terapia. Porque te permite someterte a un tratamiento de cirugía plástica temporal en cuestión de segundos. Ser otra persona. Sentir cómo te tratan los demás cuando eres otra persona.

Es decir, que algunas plataformas online sirven para ponerte en los zapatos de otras personas muy diferentes a ti, con experiencias totalmente distintas. Es decir, el paso más importante para sentir empatía por los demás.

«Efecto Proteo»

Hay estudios que sugieren que el uso de avatares disminuye los estereotipos sobre los grupos de personas mayores.*

Otros estudios dicen que después de que personas blancas encarnen cuerpos virtuales negros, su sesgo racial contra las personas negras disminuye.**

* Más de una década de investigación en numerosos contextos sugiere que las personas se ajustan en comportamiento y actitudes a las características de sus avatares, como refleja este metaanálisis: «Avatar characteristics induce users' behavioral conformity with small-to-medium effect sizes: a meta-analysis of the Proteus effect», *Media Psychology*, junio de 2019.

** «Putting yourself in the skin of a black avatar reduces implicit racial bias», *Consciousness and Cognition*, septiembre de 2013.

Y los estudiantes que vieron a avatares que se parecían a ellos correr durante unos minutos tenían más probabilidad de hacer ejercicio en las próximas 24 horas.*

Es decir, que parece que nos ajustamos a los comportamientos y actitudes esperados de nuestros avatares, un fenómeno al que suele llamarse «efecto Proteo».** Una alusión al dios griego Proteo, quien tenía la habilidad de cambiar de forma.

El mundo online se entrelaza con la realidad de formas inesperadas. Muchas veces son pura mierda. Pero a veces también brotan cosas buenas o pueden servir como poderosas herramientas psicológicas para dar forma a cómo pensamos y cómo nos comportamos. Simplemente, tened cuidado en esa jungla.

* «Can avatars change the way we think and act?», <https://news.stanford.edu/news/2010/february22/avatar-behavior-study-022510.html>.

** El «efecto Proteo» es un fenómeno en el que el comportamiento de un individuo cambia en función de sus representaciones digitales (Yee & Bailenson, 2007). También puede tener un impacto en los jugadores de, por ejemplo, *World of Warcraft* (Stavropoulos et al., 2020), pero su efecto es mucho mayor en las personas que están más inmersas en realidad virtual (Bowman & McMahan, 2007).

EN RESUMEN:

Tatúate a fuego los siguientes puntos:

- Es imposible caer bien a todo el mundo.
- No te tomes el *hate* como algo personal, sino como una simple inclemencia meteorológica, como una tormenta. No puedes hacer nada para cambiar el mal tiempo, solo sacar el paraguas o el chubasquero.
- Si ignoras a los troles, los troles se quedan sin oxígeno.
- Eventualmente, quizá hay algunas críticas constructivas que sí debes tener en consideración porque te ayudarán a crecer. O sea, no te consideres perfecto, sino en evolución.
- No insulta quien quiere, sino quien puede..., pero si el troll es demasiado pesado y tóxico, pues dale a bloquear y sigue con tu vida.

Bibliografía

LIBROS

- *This Is Why We Can't Have Nice Things: Mapping the Relationship between Online Trolling and Mainstream Culture*, de Whitney Phillips.
- *El linchamiento digital: Acoso, difamación y censura en las redes sociales*, de Basilio Baltasar (Ed.). VV. AA.
- *Tráfico. Por qué el carril de al lado siempre avanza más rápido y otros misterios de la carretera*, de Tom Vanderbilt.

PELÍCULAS

- *Cuando el destino nos alcance.*
- *Mad Max.*
- *Blade Runner.*
- *Regreso al futuro.*
- *Hijos de los hombres.*
- *V de Vendetta.*
- *Carrie.*
- *Cyberbully.*
- *Ready Player One.*
- *Matrix.*

ESTUDIOS

- «Trolls just want to have fun», *Personality and Individual Differences*, septiembre de 2014.

- «The Past and Future of U.S. Prison Policy. Twenty-Five Years After the Stanford Prison Experiment», *American Psychologist*, 1998.
- «Changes in dispositional empathy in American college students over time: a meta-analysis», *Personality and Social Psychology Review*, mayo de 2011.
- «Associations between electronic devices use and common mental traits: A gene–environment interaction model using the UK Biobank data», *Addiction Biology*, diciembre de 2021.
- «Association Between Social Media Use and Self-reported Symptoms of Depression in US Adults», *JAMA Network*, noviembre de 2021.
- «Positive and Negative Online Experiences and Loneliness in Peruvian Adolescents During the COVID-19 Lockdown», *Journal of Research on Adolescence*, agosto de 2021.

5

LA CULTURA DE LA CANCELACIÓN

Jódete tú, la ciudad y todos sus habitantes. Que se jodan los mendigos que van pululando por ahí para sacar pasta y riéndose de mí a mis espaldas. Que se joda el del limpiacristales que ensucia el parabrisas limpio de mi coche. ¡Consigue un puto trabajo! Que se jodan los sijs y los pakistanís, que van a toda hostia por las avenidas en sus decrépitos taxis... con el curry filtrándose por sus poros y apestándome la vida. Putos aprendices de terrorista. ¡Id más despacio, coño! Que se jodan los chicos de Chelsea con sus pechos depilados y esos voluptuosos bíceps, haciéndose mamadas en mis parques y en mis muelles. Meneándosela en el canal 35 de mi tele. Que se jodan los tenderos coreanos con sus pirámides de fruta carísima y sus rosas y tulipanes envueltos en celofán. Diez años en este país y siguen sin «hablal mi idioma» [...] No..., jódete tú, Montgomery Robert, lo tenías todo y la cagaste.

La última noche (2002)

Tanto gilipollas y tan pocas balas.

Las aventuras de Ford Fairlane (1990)

Vivimos en tiempos de ofendidos. Todo puede ser una ofensa. Porque todo se basa en el criterio del ofendido. Incluso en sus emociones. Si él dice que se *siente* emocionalmente afectado (sea verdad o no, porque no lo podemos saber) es suficiente para que se cuestione o hasta se censure cualquier contenido. Incluso se pueden prohibir ideas y hasta palabras. Todo lo que sea necesario para que el ofendido deje de *sentir* que se le ofende.

Algunos ejemplos que nos habrían parecido irreales hace apenas veinte o treinta años:

- La película española de animación *Tadeo Jones 2* fue criticada porque ofendía a los abogados de oficio con uno de sus chistes.
- La serie *Los Simpson* ha sido presionada para eliminar al tendero indio de Springfield, Apu, tras una campaña que acusaba a la serie de perpetuar un estereotipo racista.

- Las asociaciones de alérgicos del Reino Unido solicitaron la retirada de la película de animación *Peter Rabbit* porque unos conejos hacen bromas con las alergias.
- Un colectivo de payasos de la ciudad rusa de San Petersburgo ha pedido prohibir la exhibición de la película estadounidense *It*, por considerar que denigra su profesión y ofende sus sentimientos.
- Se han censurado producciones clásicas como *Lo que el viento se llevó* porque ofendió a los afroamericanos.
- Disney+ ya no permite ver las siguientes películas infantiles a través de un perfil infantil: *Los Aristogatos, Peter Pan, Dumbo* y *Los robinsones de los mares del sur*. La razón es que contienen mensajes racistas y fuertes estereotipos.
- También Disney+ ha borrado o eliminado diversas escenas de muchas películas. Por ejemplo, la escena de *Toy Story 2* en la que Oloroso Pete les dice a dos muñecas «Sois idénticas. Estoy seguro de que podría conseguiros un papel en *Toy Story 3*». En *Star Wars: Una nueva esperanza*, la famosa escena del tiroteo en la cantina entre Greedo y Han Solo ahora es mucho más rápida y confusa.
- El director de cine de *Guardianes de la galaxia*, James Gunn, fue despedido de Disney en julio de 2018 después de que salieran a la luz unos tuits de hacía diez años con bromas sobre abuso infantil y pedofi-

lia. Aun teniendo en cuenta que el humor de la red en esa época era otro.

- Un consejo escolar de la provincia de Ontario, en Canadá, que reúne a unos treinta colegios católicos, ha destruido cinco mil libros y cómics de más de 150 títulos diferentes, entre los que se encuentran ejemplares de Tintín, Astérix, Lucky Luke o Pocahontas, porque difunden «estereotipos negativos sobre los aborígenes».

Cada vez es más difícil decir algo que no resulte ofensivo a alguien en cualquier lugar del mundo. Eso provoca que nos lo pensemos dos veces antes de hablar. Incluso que dejemos de hablar de determinados temas. Yo mismo me he planteado regularme cuando expreso mis ideas en mi pódcast porque soy consciente de que lo escucha mucha gente. Da tanto miedo hablar de según qué temas que a veces preferimos no decir nada, y cada vez hay más *influencers* que no comentan ningún tema polémico o solo sueltan la versión políticamente correcta que no les va a provocar más que aplausos.

Y puedo llegar a entenderlos...

Sin embargo, me niego a callarme y sigo trayendo a gente top a *The Wild Project* para hablar de temas sensibles como el lenguaje inclusivo o la inmigración. Porque callarnos es lo peor que nos podría pasar como sociedad.

Por supuesto, yo nunca admitiría los discursos de odio hacia un colectivo cualquiera. El que sea. Otra cosa es que ni siquiera puedas nombrar un tema para debatirlo.

O que no puedas expresar una opinión de forma educada,*
por muy rara o inadmisible que te parezca.

La paradoja de Popper

La paradoja de tolerancia fue descrita por el filósofo austriaco Karl Popper en 1945 y, básicamente, dice que si somos totalmente tolerantes con las ideas de los demás también seremos tolerantes con las ideas intolerantes de los demás, lo que finalmente destruirá nuestra tolerancia.

Esta paradoja es habitualmente usada por la cultura de la cancelación para justificar sus procedimientos intolerantes. El problema, sin embargo, es que no siempre es fácil definir qué es una idea «intolerante». Alguien podría acusarte de intolerante fácilmente solo para tener la oportunidad de censurarte sin más.

Otra cuestión, que también señala Popper, es que incluso las ideas intolerantes deberían ser toleradas siempre y cuando los intolerantes permitan el diálogo y un debate en un plano racional. Si se recurre a la imposición o la violencia, entonces las ideas intolerantes no se pueden tolerar.

* Un claro ejemplo es la cancelación sufrida por la autora de Harry Potter, J. K. Rowling, acusada de tránsfoba por discrepar de la expresión «la gente que menstrúa».

Guiarnos por las emociones de quienes se ofenden es peligroso. Porque algunos podrían aprovecharse para censurar sencillamente lo que quieren hacer desaparecer del mundo. Otros podrían pretender cosas que no tienen que ser buenas para todos. Otros podrían ser tan sensibles que quizá el problema es suyo, no nuestro. Los llamados *flanders* u ofendiditos.

Al final, como una vez escribió el cómico británico Ricky Gervais, uno de mis cómicos favoritos, en su cuenta de Twitter: «Que estés ofendido no significa que tengas razón. También hay gente a la que le ofende el mestizaje, los gais, los ateos... ¿y?».*

Sin embargo, hemos dado un protagonismo atroz a los ofendidos. A las emociones presuntamente fidedignas de grupos de personas que deciden lo que es bueno o malo para todos.

Ahora cualquiera puede hacer una búsqueda de palabras clave a través de redes sociales para averiguar en cuestión de segundos quién ha dicho qué para hacer una caza de brujas moderna. Bienvenidos a la cultura de la cancelación, donde es más importante eliminar al enemigo que debatir sus ideas.

* Se ha reforzado el llamado «razonamiento emocional» (en inglés, *emotional reasoning*) que David D. Burn define en *Feeling Good* como la asunción de que «las emociones negativas reflejan necesariamente cómo son las cosas: "Lo siento, luego debe de ser verdad"».

La palabra que empieza por N

En inglés, «nigger» es un término racista dirigido a la gente de piel negra. Como el término está considerado muy ofensivo, a menudo se reemplaza por el eufemismo «the N-word» (la palabra con N).

Actualmente, a partir de una resolución formal del Ayuntamiento de Nueva York, el término está simbólicamente prohibido en este estado.

De hecho, durante el juicio por asesinato al exjugador de fútbol americano O. J. Simpson en 1995, que fue donde se puso más de moda sustituir «nigger» por «the N-Word», llevaron a juicio a un detective del Departamento de Policía de los Los Ángeles por su uso reiterado de la palabra «nigger» en las grabaciones de la investigación. Según dijo el fiscal, era «la palabra más sucia, indecente y repugnante de la lengua inglesa, y no tiene cabida en una sala de juicios».

Destruyendo reputaciones: cuando el fin justifica los medios

La cultura de la cancelación es el acoso en redes unido a la presión para que se retire todo el apoyo social, mediático y económico de las personas que han hecho comentarios o acciones que se consideran inaceptables por un grupo de personas. A veces ni siquiera hace falta que sea un grupo grande: lo importante es que sea muy activo o pertenezca a un colectivo considerado como discriminado.

La cultura de la cancelación puede caer sobre cualquier persona, desde un completo desconocido a un profesor universitario, pasando por un presentador de televisión, un actor o un escritor. Nadie está a salvo. Es como una lotería caprichosa.

En este sentido, el actor Johnny Depp, cancelado culturalmente por las acusaciones de maltrato de su exesposa Amber Heard, es posiblemente el caso más mediático de la historia. El juicio fue seguido por millones de personas en directo. Finalmente, gracias a que Depp disponía de grabaciones y otras muchas pruebas, pudo demostrar que había sido difamado por Heard y que tales acusaciones no estaban fundadas. Sin embargo, antes del juicio, Depp había perdido varios contratos millonarios, como su papel de Jack Sparrow en *Piratas del Caribe*. Había sido juzgado *antes* del juicio. Porque la cancelación cultural se erige como juez y verdugo.

Cancelaciones en la universidad

En el ámbito universitario estadounidense es cada vez más frecuente el fenómeno de la cancelación cultural. Algunos de los ejemplos más conocidos son:

- Bret Weinstein y Heather Heying, profesores titulares en el Evergreen State College, perdieron sus empleos por oponerse a un «Día de Ausencia», en el cual se les pedía a los estudiantes blancos que abandonaran el campus por un día.
- El profesor de Psicología Nicholas A. Christakis, de la Universidad de Yale, también fue despedido de su trabajo después de que un grupo de estudiantes le rodeara en el campus para acusarle de haber ofendido sus sentimientos al dar su opinión.
- En 2017, Sergei Tabachnikov y Theodore Hill publicaron un estudio en *The Mathematical Intelligencer* donde se proponía un modelo matemático para explicar que hubiera más variabilidad de inteligencia entre los hombres y las mujeres (es decir, que hay más genios entre el género masculino, pero también más idiotas). A pesar de haber sido revisado por pares, finalmente el estudio se retiró por inconveniente.

- Steven Pinker, el psicólogo cognitivo y lingüista de la Universidad de Harvard, firmó una carta en el año 2020 que fue publicada en *Harper's Magazine* donde, junto a otros 153 intelectuales, como el lingüista estadounidense Noam Chomsky y la escritora Margaret Atwood, calificaban el clima intelectual imperante como «restringido» e «intolerante».

La cultura de la cancelación es una tendencia que está creciendo día a día. Sobre todo entre las generaciones más jóvenes.* Hemos pasado del desacuerdo al desdén, y finalmente a la deshumanización. Si no piensas como yo, no eres digno de mi respeto como ser humano. Si no compras todo el pack ideológico, entonces tienes que ser eliminado del debate público. No puedes abrir la boca. Eres peligroso.

Pero el problema de la cultura de la cancelación es doble. En primer lugar, considera que el fin es tan loable que no le importa el medio. No le importa saltarse la presun-

* Una investigación británica sugiere que los jóvenes tienen cada vez más miedo de expresar puntos de vista controvertidos y la mayoría de ellos han excluido a alguien por sus opiniones políticas: entre 18-29 años, 52 %; entre 30-49 años, 33 %; entre 50-64 años, 18 %; más de 65 años, 14 %. <https://www.thetimes.co.uk/article/half-of-young-cancel-people-over-opinions-x82mjxp9h>.

ción de inocencia, por ejemplo. No le importa pasar por alto las sentencias judiciales. Ni siquiera le importa que muchos inocentes sean tratados como culpables.

El segundo problema es que la cultura de la cancelación, en vez de hacer del mundo un lugar más respetuoso y diverso, lo cual me parecería maravilloso, favorece que la sociedad sea más intolerante, más uniforme y menos plural.

Mata el pensamiento crítico, que para mí tendría que ser pecado capital.

La razón de esta homogeneización social es muy sencilla. Si dejamos de escuchar opiniones diferentes a las nuestras, si dejamos de relacionarnos con las personas que tienen una visión de las cosas muy distinta a la nuestra, perderemos la habilidad de comprender puntos de vista ajenos. Solo nos sentiremos a gusto con las personas que ya piensan como nosotros. Lo que hará de nosotros criaturas más tribales.

Seis señales para identificar una cancelación

Según Jonathan Rauch, autor de *The Constitution of Knowledge: A Defense of Truth*, hay seis pistas evidentes para identificar una cancelación cultural:

1. **Punitivismo**: se quiere castigar en vez de corregir.

2. **Organización**: se organiza en grupos que hacen proselitismo, porque se busca ser más en vez de tener razón.
3. **Boicots secundarios**: las personas que defienden al cancelado o critican la campaña en su contra deben temer consecuencias adversas.
4. ***Moral grandstanding*** (fanfarronería moral): el tono del discurso es *ad hominem*, repetitivo, ritualista y acusatorio, y se abusa de las etiquetas para dejar claro que el cancelado es moralmente inferior.
5. ***Deplatforming*** (desplataformar): se intenta eliminar los medios a través los cuales una persona puede expresarse porque el mero hecho de que los demás puedan escucharte resulta peligroso o demasiado hiriente (se reclaman «espacios seguros» para evitar estar con el cancelado).
6. ***Truthiness*** (veracidad): hay tendencia a distorsionar declaraciones, ignorar las correcciones y hacer acusaciones falsas.

Para mí la cultura de la cancelación es uno de los peores cánceres. Es una verdadera pena que en este mundo cada vez más complejo en el que deberíamos intentar dialogar más, intentar entender más al otro, intentar avanzar todos juntos (aunque no estemos de acuerdo en todo… no lo estemos haciendo. Solo nos dedicamos a censurarnos mutuamente porque no toleramos que el otro piense de una manera diferente.

A pesar de que disponemos de internet y podemos hablar de todo con todos, ahora no queremos hablar de casi nada con casi nadie. Preferimos encerrarnos en limitantes burbujas ideológicas.

Deberíamos luchar por encontrar consensos. Pero la cultura de la cancelación es justamente lo contrario. Porque es la cultura del dogma. Como las religiones. Es la cultura de «esto es bueno, y si no piensas así significa, no tan solo que estás equivocado, sino que encima eres malvado». La cultura de la cancelación nos ha hecho creer que podemos saber fácilmente qué ideas son las buenas y cuáles son las malas. Y que, si abrazas ideas malas, mereces el escarnio público.

¿Entonces? Si la cultura de la cancelación es tan tóxica, ¿por qué está creciendo tanto en las nuevas generaciones? Porque la gente joven se siente más sola que antes (en parte porque está dejando de ser ella misma por miedo a ser excluido o cancelado). Y una forma muy eficaz de estar con los demás es participar de la orgía de la cultura de la cancelación. Porque hacerlo proporciona cuatro importantísimos beneficios psicológicos:*

* Según Rob Henderson, psicólogo de la Universidad de Yale: <https://robkhenderson.substack.com/p/what-propels-cancel-culture?s=r>.

1. Aumenta el estatus social.
2. Reduce el estatus social de tus enemigos o de quienes te caen mal.
3. Demuestra compromiso con la comunidad, así que fortalece los lazos sociales.
4. Te permite recibir recompensas sociales rápidas.

Es decir, que cancelar a la gente mola y te hace sentir mejor, pero a la vez te obliga a vivir en un mundo donde cada vez es más difícil establecer lazos genuinos con los demás..., lo que retroalimenta que tengas que comprometerte más con la cancelación. Es la puta pescadilla que se muerde la cola.

Y no tan solo eso, también para muchos es una satisfacción el hecho de saber que otros están recibiendo los ataques y la desaprobación social, pero ellos no. De alguna forma, desde el escudo virtual que es el anonimato, la lejanía y el internet, sienten una morbosa satisfacción al comprobar que no les toca a ellos pasarlo mal, y que siempre hay gente que está mucho peor. Es el mismo mecanismo mórbido de cuando uno va conduciendo por la carretera y se encuentra con un accidente, y no puede evitar mirarlo y sentir alivio al comprobar que no es uno mismo el que está al otro lado del cristal luchando por sobrevivir. O directamente muerto. Imagino que será parte del instinto de preservación del ser humano, el hecho de encontrar cierta satisfacción egoísta en estos momentos.

La cultura de la cancelación, al final, es la cultura del aparentar. Como vestirse de determinada manera para encajar en el grupo. Así que, si veis a alguien que se dedica constantemente a juzgar a los demás, posicionándose en todos los temas polémicos de la semana desde un punto de vista buenista, cancelando a todo el mundo que no piensa como debe pensar, lo más probable es que esté aparentando. Exhibiendo su moral como el que exhibe un coche caro o un anillo de diamantes.

Y lo peor de todo es que muchas de las personas que se dedican a cancelar a los demás en realidad lo hacen para ocultar sus propias miserias. Para quedar como buenos, para que no descubramos toda la mierda que llevan dentro. Porque para parecer buena persona hay dos caminos: ser buena persona o atacar obsesivamente, haciendo daño a propósito, a los que consideras malas personas.

Las cazas de brujas han existido siempre. Internet solo las ha convertido en una moda donde se premia la mentalidad de rebaño*. Así, la cultura de la cancelación se sostiene básicamente en la apariencia, el moralismo barato y la necesidad imperiosa de expulsar tus propios demonios hacia los demás.

* *La mente parasitaria*, de Gad Saad.

Ellos y Nosotros

El tribalismo es lo que alimenta la sensación, profunda y ajena al raciocinio, de que nosotros («Nosotros») somos mejores que ellos («Ellos»).

En los últimos diez años, en países como España, se ha duplicado el número de personas que se ubica en posiciones extremas dentro de la escala ideológica. España, de hecho, es el país más polarizado de Europa, y la pandemia del coronavirus no ha hecho más que agigantar esa brecha.*

Como explica el psicólogo social Jonathan Haidt:

> Un principio básico de la psicología moral es que «la moralidad une y ciega», lo cual es un truco útil para que un grupo se prepare para una batalla entre «ellos» y «nosotros». Cuando adoptamos la actitud tribal, parece que nos cegamos a los argumentos y a la información que desafían el relato de nuestro equipo.**

* «How Ideology, Economics and Institutions Shape Affective Polarization in Democratic Polities», *MPSA*, junio de 2019.

** *La transformación de la mente moderna*, de Jonathan Haidt y Greg Lukianoff.

Drama barato

Como cada vez necesitamos más formar parte de una tribu, como cada vez se premia más la emoción del que se siente insultado o discriminado, lógicamente, cada vez somos más dramáticos.

Cada vez nos gusta más causar pena. Que nos cuiden. Que estén por nosotros. Después de todo, es cada vez más habitual que somos copos de nieve únicos y especiales, así que merecemos eso y más.

Aquí volvemos a la idea que apunté antes. Que muchas personas que están tristes dicen que tienen depresión. O incluso dicen estar tristes solo para llamar la atención. Es inconcebible hasta qué punto se ha frivolizado sobre algunas enfermedades mentales. Incluso hay personas, como las emo, que viven estéticamente de esa idea, cuando en verdad suele haber más de postureo que de realidad. Tenemos una necesidad tan imperiosa de formar parte de grupos sociales que hasta podemos llegar a crear grupos de personas que viven de forma más infeliz con su propio código indumentario.

Ir de víctima aumenta tu estatus, así que no podemos evitar hacer creer a los demás que somos víctimas. Todo nos afecta. Todo nos ofende. Todo debe organizarse para que no nos cause daño. No aceptamos que en la vida haya riesgos. No aceptamos el más mínimo dolor.

Y, encima, la gente nos quiere más si nos comportamos de esta forma.

Estamos fomentando una de las generaciones más victimistas de la historia. Y, según algunos estudios, también estamos fomentando que las personas más frías y calculadoras, incluso más crueles, estén aprovechándose de esta situación.

La tríada oscura de la víctima

Según un reciente estudio,* realizado por investigadores de la Universidad de Columbia, quienes tienden a señalar más su condición de víctimas son más propensas a mentir, hacer trampa y participar en otros comportamientos poco éticos para prosperar.

De hecho, parece que las personas que tienden al victimismo tienen mayor probabilidad de tener algunos rasgos de personalidad de la tríada oscura:

1. **Narcisismo**: darse mucha importancia.
2. **Maquiavelismo**: explotación estratégica.
3. **Psicopatía**: insensibilidad y cinismo.

* «Signaling Virtuous Victimhood as Indicators of Dark Triad Personalities», *Journal of Personality and Social Psychology: Personality Processes and Individual Differences*, 2020.

No podemos cancelar todo lo que no nos gusta. Ni siquiera lo que nos parece intolerable. O cualquiera podría algún día cancelarnos a nosotros porque se ha convencido de que nuestras ideas son intolerables.

La libertad de expresión tiene riesgos, pero más los tiene la falta de ella.

No podemos permitir ser cada vez más débiles ni creernos cada vez más especiales. Vivir tiene riesgos, pero vivir sin riesgos es como no vivir.

Y sobre todo debemos dejar de premiar el drama barato, o cada vez habrá más gente que se aprovechará de él.

Tenemos muchas cosas en común. Pongamos en valor eso, y no los desacuerdos, o cada vez estaremos más divididos y polarizados, como bien resume este monólogo de la película *Team America*:

> Somos unos capullos. Unos capullos asquerosos y arrogantes. Y los del gremio de actores son unas zorras. Y Kim Jong Il es una maricona. A las zorras no les gustan los capullos, porque los capullos joden a las zorras. Los capullos también joden a las mariconas, a las mariconas que solo quieren cagarse en todo. Las zorras creen que pueden tratar con las mariconas a su manera, pero lo único que puede joder a una maricona es un capullo... con dos cojones. El problema de los capullos es que a veces joden demasiado o joden cuando no viene a cuento, y necesitan una zorra para que lo entiendan. Pero otras veces las zorras se cubren tanto de mierda que también se convierten en mariconas, porque las zorras solo están a un paso de ser mariconas. Si no jodemos a las mariconas que tenemos que joder, acabaremos todos, capullos y zorras, cubiertos de mierda.

Bibliografía

LIBROS

- *Feeling Good: The New Mood Therapy*, de David D. Burns.
- *Arden las redes*, de Juan Soto Ivars.
- *La neoinquisición. Persecución, censura y decadencia cultural en el siglo XXI*, de Axel Kaiser.
- *12 reglas para vivir*, de Jordan Peterson.
- *Los seis pilares de la autoestima: El libro definitivo sobre la autoestima por el importante especialista en la materia*, de Nathaniel Branden.
- *La mente parasitaria*, de Gad Saad.
- *The Constitution of Knowledge: A Defense of Truth*, de Jonathan Rauch.

PELÍCULAS

- *South Park*.
- *Team America*.
- *Canino*.

ESTUDIOS

- <https://www.thetimes.co.uk/article/half-of-young-cancel-people-over-opinions-x82mjxp9h>.

- «How Ideology, Economics and Institutions Shape Affective Polarization in Democratic Polities», *MPSA*, junio de 2019.
- «Lifestyle: When allergies go west», *Nature*, noviembre de 2011.
- «Signaling Virtuous Victimhood as Indicators of Dark Triad Personalities», *Journal of Personality and Social Psychology: Personality Processes and Individual Differences*, 2020.

6

LA NATURALEZA HUMANA ES «CRUEL»

Daría mi vida por dos hermanos u ocho primos.

John Burdon Sanderson Haldane

Encontraré una buena acción desinteresada, porque he parido a tres niños y no permitiré que se críen en un mundo en el que Joey tenga la razón.

Friends

En el capítulo cuatro de la que quinta temporada de la serie *Friends*, Joey, que interpreta al personaje más simplón de los seis, mantiene un debate con Phoebe acerca de si existen las buenas acciones desinteresadas. Joey cree que no, que el ser humano es egoísta por naturaleza, incluso cuando parece que es generoso y altruista. Phoebe, el personaje más hippy, sostiene que hay gente que es buena en sí misma, sin dobleces. Sin embargo, a lo largo del episodio, todos los ejemplos que se encuentra Phoebe de personas que parecen altruistas acaban por revelar que en realidad actuaban por su propio beneficio.

Al fin y al cabo, si te sientes bien haciendo el bien, ¿acaso no estás haciendo el bien porque te sientes bien? O sea, ¿acaso eres egoísta? ¿Ayudas a los demás para ayudarte a ti?

En realidad, palabras como «bueno» o «malo» son adjetivos creados por el ser humano. Como «egoísmo» o «altruismo». Conceptos para organizar la sociedad que no son capaces de describir la compleja realidad de los actos humanos.

No existe el mal puro. No existe el bien puro. No existe el altruismo puro. No existe el egoísmo puro. Todos vamos oscilando de un lado a otro, y cada acto tiene diversas capas de altruismo y egoísmo, de bondad y de maldad, en función de lo que profundicemos psicológicamente en dicho acto.

Algunos son buenas personas en unas cosas y malas en otras. Puedes ser comprensivo con tus colegas, pero un capullo con tus padres. Hasta Hitler, un ser abyecto en muchos aspectos, amaba la naturaleza y a los animales.

Esto es así porque necesitamos sobrevivir. Y precisamente ser buenos con los demás y cooperar aumenta la probabilidad de supervivencia. El problema es que no nos relacionamos con todo el mundo por igual, ni tampoco nuestro estado de ánimo es siempre el mismo. Otras veces cometemos errores. Otras, nos sentimos traicionamos y nos ponemos a la defensiva con todo el mundo. El simple hecho de que una pareja te haya sido infiel puede provocar dos cosas en ti: una, que nunca seas infiel porque sabes lo que jode; o dos, que tiendas a ser más infiel porque ya no confías en el compromiso de los demás.

Un mismo hecho puede hacerte mejor o peor persona. Y eso dependerá, en parte, de las circunstancias del momento, del «azar», pero también de tu carácter, de tu historia personal, de tus experiencias, de tu tolerancia al dolor…

De hecho, cuando el contexto es muy desfavorable, puede aflorar nuestro instinto de supervivencia más descarnado y egoísta. Hasta la mejor persona puede esconder un monstruo en su interior. Solo hace falta que sea despertado.

Y cuidado: hacerlo es mucho más sencillo de lo que parece.

La tercera ola

Durante la primera semana de abril de 1967, se llevó a cabo un ya célebre experimento en el Cubberley High School, un instituto de Palo Alto, California. En él, el profesor de Historia Ron Jones recreó con sus alumnos el contexto social del régimen fascista de la Alemania nazi. Incluso inventó un saludo similar al del nazismo.

En apenas una semana, sus alumnos se involucraron de tal modo con aquel movimiento, al que llamó «la tercera ola», que se comportaron de forma similar a la que lo habían hecho los ciudadanos alemanes durante la Segunda Guerra Mundial, permitiendo que se exterminara a millones de judíos.

Las tres formas en que nos relacionamos

Cuando somos altruistas con los demás, básicamente lo hacemos a tres niveles:

- Selección por parentesco: tendemos a ayudar a nuestra familia o amigos.
- Reciprocidad directa: ayudamos a los demás porque así luego podemos ser ayudados.
- Reciprocidad indirecta: hago una buena acción para que todo el mundo la vea, y así mejoro mi reputación.

Nadie actúa en un nivel u otro de forma deliberada y ni siquiera consciente. Es algo instintivo y automático. Tampoco se actúa de forma pura en un nivel u otro durante todo el tiempo, sino que se mezclan todos los niveles continuamente.

Pero la conclusión es la misma: todo lo que hacemos es para sobrevivir. Somos animales egoístas (aunque ocasionalmente nos comportemos de manera altruista). Así que la naturaleza humana es «cruel», entre comillas, porque en el fondo no es tan bonita como parece, aunque al final no siempre seamos crueles con los demás.

Demasiado verdad para ser sincero

Las personas que no dejan de repetir lo buenas que son, que aprovechan cualquier ocasión para demostrar que son más generosas o empáticas que los demás, en realidad deberían ser las que más desconfianza producen. Porque si alguien hace el bien por su reputación, exagerar ese bien quizá es un síntoma de que quiere borrar sus malos actos o calmar sus remordimientos.

Es decir, que hasta los actos más bondadosos pueden ser egoístas o maquiavélicos. Algo que adquiere una dimensión patológica con el llamado «postureo moral» que en general vemos en las redes sociales.

Incluso en el mundo animal hay un comportamiento parecido, la llamada cleptogamia, como explica el psicólogo evolucionista Gad Saad:

> Sucede cuando algunos machos de una especie parecen o actúan como hembras de dicha especie para evitar que los ataquen los machos guardianes dominantes y, de ese modo, pueden acceder furtivamente a las oportunidades de apareamiento.*

* *La mente parasitaria*, de Gad Saad, Deusto, 2022.

Todo esto ocurre porque somos profundamente sociales. Necesitamos salir adelante, pero también encajar entre nuestros semejantes. Salvo casos patológicos, nadie decide tomar el camino del egoísmo o la soledad sin más. Pero tampoco debes confiar en quienes solo parecen ser buenos. En el fondo, todo es una mezcla de todo.

Esta es la realidad, y no aceptarla te condena a la frustración.

Cuando esperas demasiado de los demás, cuando crees que el mundo es justo, cuando consideras que tú eres bueno y los demás no lo son. En todos estos casos estás negando la realidad. Porque todo eso son simplificaciones.

A veces te prestarán ayuda cuando la necesites, pero otras veces no. A veces se acordarán de ti, otras veces no. A veces no te darán esa cosa que les sobra aunque tú la necesites. Y tú harás lo mismo, aunque muchas veces no seas ni consciente de ello.

La gente no suele actuar con maldad o para joderte la vida sin más, solo está actuando en su propio beneficio. Y al hacerlo, a veces tú entrarás en la ecuación, pero otras veces no lo harás. Eso no es bueno ni malo, ni justo ni injusto. Es cómo funcionan las cosas a nivel social.

Aceptar la realidad social tal y como es pasa por no adornarla de una manera que, cada vez que algo no cumpla tus expectativas, enseguida te hundas y pienses que el mundo no es justo. El mundo es como el tiempo meteorológico. Hay días de tormenta y hay días soleados. No puedes esperar que todos los días sean soleados porque el mundo también necesita la lluvia.

Por supuesto, hay personas que tienden más a ser sinceras, altruistas, amables y empáticas, y personas que lo son menos. Lo importante es que te relaciones con quienes te hacen sentir mejor. Pero también es fundamental que no olvides que incluso las mejores personas de tu vida pueden llegar a comportarse de formas frustrantes para ti si no aceptas la naturaleza humana que todos llevamos dentro.

Así que de los demás no debes esperar ni mucho ni poco. Debes esperar lo adecuado.

Justicia preinstalada en nuestro software

El altruismo y el egoísmo no solo están determinados por el contexto, sino por los niveles neuroquímicos de tu cerebro. Por eso, alterando dichos niveles pueden hacer que automáticamente una persona pase de ser más egoísta a más altruista.

Es lo que demostró un estudio publicado en *Nature*, donde los más egoístas dejaron de hacerlo tras administrarles por la nariz una dosis de oxitocina, una hormona que nuestro cerebro produce naturalmente y que está asociada a nuestro comportamiento social.*

* «Oxytocin and the altruistic 'Goldilocks zone'», *Nature Neuroscience*, marzo de 2019.

Con todo, el ser humano tiene instalado de serie en su cerebro cierto sentido de la justicia. Algunos estudios sugieren que este sentido aparece a los quince meses de edad, incluso antes del habla.* También los monos capuchinos y otros animales parece que tienen presente lo que es justo y lo que no.

Los zombis caníbales somos nosotros

Si el mundo acabara convertido en un escenario apocalíptico al estilo *The Walking Dead*, no deberíamos temer tanto a los zombis caníbales como a los seres humanos. Porque el contexto es determinante a la hora de que seamos más o menos crueles. Y en contextos adversos, hasta la persona más pacífica puede actuar como un verdadero monstruo.

Sin leyes y sin regulaciones, nos mataríamos los unos a los otros. Sobre todo si no nos vemos obligados de rendir cuentas de nuestros actos. Cuando no hay barreras sociales, sale la bestia primitiva que tenemos dentro y que solo busca sobrevivir a toda costa. Egoísta, mezquina, codiciosa. Es lo que ocurre en historias como la de *El señor de las moscas*, donde solo los más fuertes sobreviven.

* «Fairness Expectations and Altruistic Sharing in 15-Month-Old Human Infants», *Plos ONE*, octubre de 2011.

Una película que representa esta idea de forma magistral es *La purga*: ¿qué pasaría si un día no hubiera ningún tipo de responsabilidad civil? ¿Cuánta gente saldría a hacer daño? ¿Cómo aumentarían los actos inmorales?

Es decir, que la organización de la sociedad puede sacar lo mejor de nosotros, pero también lo peor. Y para evitar lo peor, nunca debemos olvidarnos de que está ahí, latente. Esperando salir a la mínima oportunidad.

Con todo lo dicho no quiero ser negativo, solo quiero ser realista. Porque únicamente siendo realistas seremos capaces de gestionar mejor nuestras partes más oscuras. No debemos ponernos una venda en los ojos y pensar inocentemente que la gente es buena, que todo saldrá bien, que podemos confiar ciegamente en los demás. Hacerlo no solo nos frustrará, sino que seremos incapaces de hacer del mundo un lugar mejor. Porque si falla el diagnóstico, falla la solución.

El mito del buen salvaje

La idea del «buen salvaje», popularizada por Jean-Jacques Rousseau, sugiere que los seres humanos, en su estado natural, son desinteresados y pacíficos, y que la violencia o la codicia son fruto de la civilización.

No obstante, es justo al revés. Los estudios sobre las sociedades contemporáneas de cazadores-recolectores sugieren que el 90 % de ellas va a la guerra cada año. El estado natural del ser humano es violento y jerárquico.

Pero si en las sociedades de cazadores-recolectores muere de forma violenta el 25 % de los adultos, en las sociedades modernas apenas lo hace el 1 %, como explican autores como el psicólogo cognitivo Steven Pinker en su libro *Los ángeles que llevamos dentro*.

En lugares como Europa occidental, la tasa de homicidios se ha reducido espectacularmente a lo largo del siglo XX. Tal y como señala el profesor de Historia Yuval Noah Harari en *Homo Deus*:

> Mientras que en las sociedades agrícolas antiguas la violencia humana causaba alrededor del 15 % de todas las muertes, durante el siglo XX la violencia causó solo el 5 %, y en el inicio del siglo XXI está siendo responsable de alrededor del 1 % de la mortalidad global.

El diagnóstico es: somos egoístas y miramos más por nosotros que por los demás. La solución: crear contextos sociales donde tendamos más a cooperar que a pegarnos un tiro al mínimo desacuerdo.

Es así como hemos podido diseñar sociedades modernas donde las tasas de homicidios, por ejemplo, se han desplomado. Hasta el punto de que Europa occidental, en términos generales, es el lugar donde es más improbable ser matado por otra persona.

Eso no significa que podamos aspirar a la perfección. Siempre habrá asesinatos y abusos. Conseguir cero víctimas es una utopía, y además peligrosa. Porque si nos ponemos objetivos poco realistas, acabaremos no solo frustrados, sino aprobando medidas seguramente más dañinas que la propia muerte.

No confiéis nunca en quienes os quieran vender una sociedad perfecta. Es imposible crear una utopía. Y quienes lo han intentado, han provocado más mal que bien.

El manga *Death Note* es un buen ejemplo de lo sencillo que es corromper al ser humano, incluso con buenas intenciones. De cómo alguien que quiere hacer del mundo un lugar mejor, en realidad ocasiona más horror que el que aspira a eliminar.

En definitiva, intenta huir de los mensajes idealistas. Asume que el mundo no siempre es perfecto, y que un simple cambio del contexto puede sacar lo peor de nosotros. También lo mejor.

El anillo de Tolkien

El mito del anillo de Giges, mencionado por Platón en *La República*, intenta imaginar qué pasaría si una persona tuviera un anillo capaz de proporcionarle la invisibilidad. Tanto si lo posee una buena persona como una mala persona, el anillo podría tentar con hacer el mal a ambos, porque ninguno de los dos debería rendir cuentas de sus actos frente a nadie.

La enseñanza moral de este mito influyó también en la idea del anillo capaz de corromper a quien lo portara, en *El señor de los anillos*, de Tolkien.

Afortunadamente no existe el anillo de Giges, porque según los estudios realizados por los psicólogos Douglas T. Kenrick y David Buss, entre el 70 % y el 90 % de los hombres universitarios y entre el 50 y el 80 % de las mujeres universitarias han admitido haber tenido al menos una fantasía homicida en el año precedente.*

* *Sex, Murder, and the Meaning of Life: A Psychologist Investigates How Evolution, Cognition, and Complexity are Revolutionizing Our View of Human Nature*, de Douglas T. Kenrick, Basic Books, 2013.

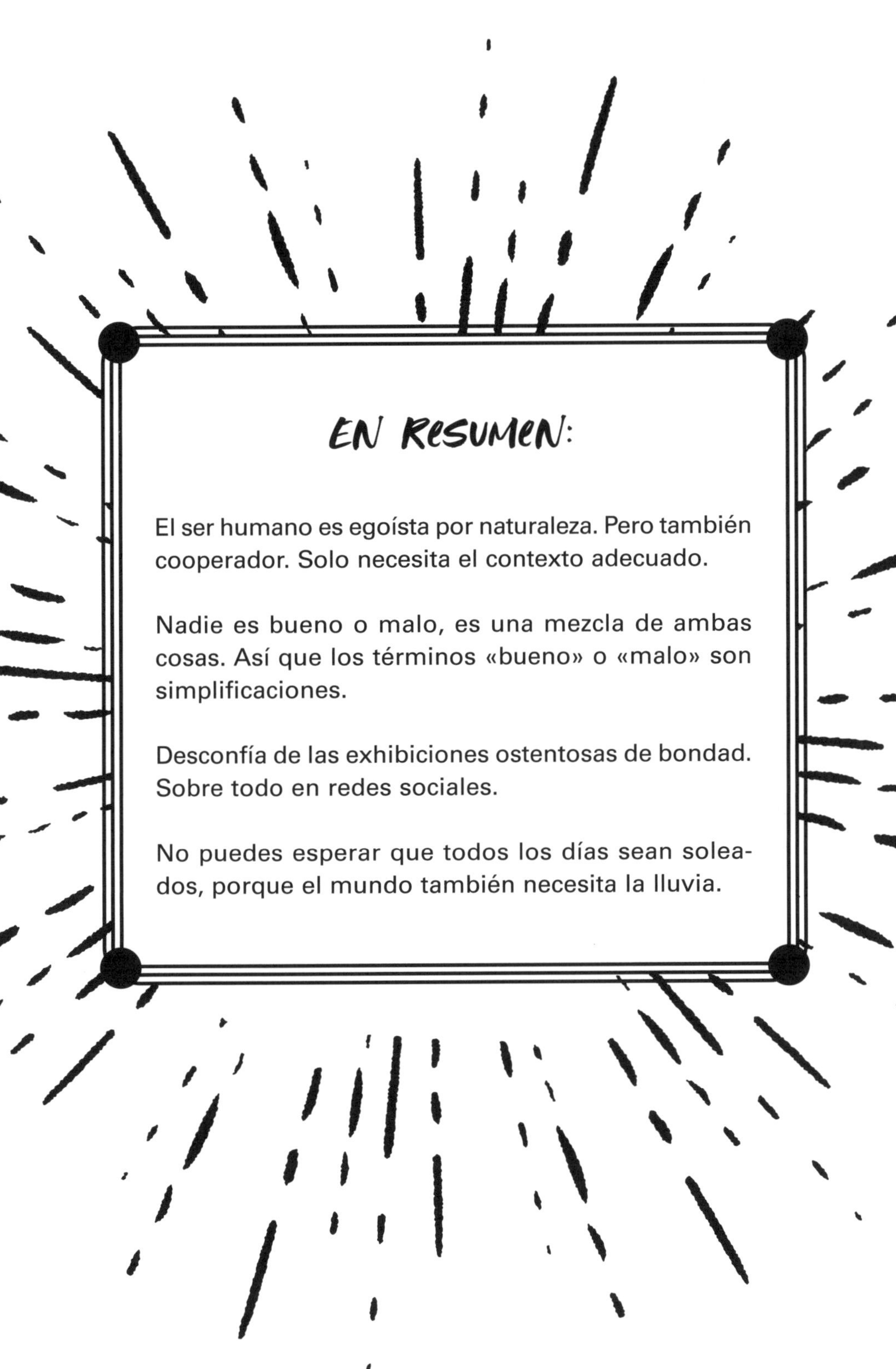

EN RESUMEN:

El ser humano es egoísta por naturaleza. Pero también cooperador. Solo necesita el contexto adecuado.

Nadie es bueno o malo, es una mezcla de ambas cosas. Así que los términos «bueno» o «malo» son simplificaciones.

Desconfía de las exhibiciones ostentosas de bondad. Sobre todo en redes sociales.

No puedes esperar que todos los días sean soleados, porque el mundo también necesita la lluvia.

Bibliografía

LIBROS

- *El señor de las moscas*, de William Golding.
- *La mente parasitaria*, de Gad Saad.
- *Los límites de la razón*, de Julian Baggini.
- *Los ángeles que llevamos dentro*, de Steven Pinker.
- *Homo Deus*, de Yuval Noah Harari.
- *Sex, Murder, and the Meaning of Life*, de Douglas T. Kenrick.

PELÍCULAS

- *El hombre invisible.*
- *La purga.*
- *La ola.*
- *Breaking Bad* (serie).
- *Dexter* (serie).
- *El señor de los anillos.*

ESTUDIOS

- «Oxytocin and the altruistic 'Goldilocks zone'», *Nature Neuroscience*, marzo de 2019.
- «Fairness Expectations and Altruistic Sharing in 15-Month-Old Human Infants», *Plos One*, octubre de 2011.

7

GURÚS DE PACOTILLA Y EL ENGAÑO DE LA AUTOAYUDA

El hombre prefiere creer en lo que quiere que sea verdadero.

Francis Bacon

Solo progresamos cuando la melancolía se hace presa en nosotros, cuando, insatisfechos del mundo que nos rodea, nos vemos obligados a crear otro más soportable.

Jean-Marie Hérault de Séchelles

Quiero dejar muy clara una cosa desde el principio: el concepto de AUTOAYUDA me gusta.

...

(No bebo cuando escribo. Al menos, no mucho).

Seguramente te sorprende esta afirmación después de leer el título del capítulo. Pero deja que me explique.

Yo no estoy en contra de que uno se ayude a sí mismo.

Tú eres el primero que debes querer hacer algo por tu bien, como salir de las drogas, superar una ruptura amorosa o simplemente mejorar en algún aspecto. Si no tienes la fuerza de voluntad propia, difícilmente lo conseguirás. En ese sentido, la autoayuda me parece clave.

Para adelgazar, ponerte cachas o ser más culto, lo primero de todo es estar convencido al cien por cien de que eso es lo que quieres para ti. Si eso falla, acabarás abandonando enseguida a la más mínima dificultad.

Así que, «semánticamente», la autoayuda me parece fantástica.

Y ahora, vamos a lo que os interesa: la carnaza.

Lo que odio con todo mi corazón es el negocio que se ha creado alrededor de la autoayuda vacía. Los vendehúmos y los gurús de tres al cuarto. Los que se aprovechan de gente con carencias o desesperada, mintiéndolas y manipulándolas para sacar dinero o poder.

Ni siquiera los libros de autoayuda suelen tener alguna utilidad. Por esa razón, con este libro he intentado huir lo máximo posible de las recetas fáciles o los eslóganes bonitos que caben en una taza para el desayuno.

Yo no vengo aquí a salvar a nadie. Vengo a explicar cómo veo yo las cosas y a presentarte algunos estudios que apuntan a esa dirección. Sin recurrir a mentiras ni a explicaciones pseudocientíficas o directamente irreales, como uno de los libros más vendidos (y que más odio) sobre crecimiento personal: *El secreto*, de Rhonda Byrne. La jodida «ley de la atracción».

Ahora que está tan de moda el denominador **red flag** *para definir aquellas características que tienes que evitar sí o sí en una posible nueva pareja o relación sentimental, una de las mías es que esa persona se identifique como seguidora de* El secreto. *Es un mal presagio... Y si, acto seguido, me pide el horóscopo, directamente huyo como si se hubiera revelado como adoradora de Satanás y Baphomet.*

Fuera de coñas, muchos de los preceptos de la autoayuda típica o comercial suelen ir asociados, en el mejor de los casos, a la pseudociencia más banal o, en una gran parte, directamente a la magia y la fantasía. Aun cuando intentan vestírtelo de ciencia para darle una falsa validez.

El secreto y la cuántica

La palabra de moda actualmente es «cuántico». Si usas ese término, aunque no sepas muy bien qué significa, enseguida puedes otorgarle una pátina científica y seria a cualquier chaladura.

Por eso ahora existen pseudociencias y estafas como el viaje astral cuántico, la conciencia cuántica, la telepatía cuántica y demás. Un ejemplo es *La conciencia cuántica*, un libro publicado hace unos años por Danah Zohar.

El más famoso de todos estos libros pseudocientíficos es probablemente *El secreto*, que se basa en la «ley de la atracción». Lo que postula esta «ley» es que enfocarse en cosas positivas puede modificar los resultados, incluyendo mejoras en la salud, riqueza y felicidad. Para que esta teoría no parezca algo sacado de la manga sin ninguna evidencia científica, la autora la justifica con terminología acerca de los campos energéticos y de la física cuántica. Por supuesto, sin ningún tipo de estudio científico que lo respalde.

En conclusión, desconfía mucho de los libros, vídeos o cursos que te presentan pasos claros y evidentes para lo que sea: para ser millonario, para ser feliz, para superar una ruptura... Y si no tienen detrás una fuerte evidencia científica, todavía más. Son solo libros, vídeos o cursos que se aprovechan de la gente. Un negocio basado en la ignorancia, la soledad y el miedo.

Y esto es lo que más me toca los cojones del *business* de la autoayuda: cómo aparecen estos supuestos gurús que se presentan con sus grandes sonrisas, falsas y vacías, como supuestos seres de luz que quieren mejorarte y darte las claves de la felicidad, sin, *a priori*, más interés que ayudarte, pero que en el fondo, tan solo pretenden enriquecerse y aprovecharse de personas desesperadas o con carencias de todo tipo (económicas, intelectuales, afectivas...), individuos que se encuentran perdidos o que están pasando un mal momento, que no saben gestionarse, y que solo son vistos por estos vendehúmos como SU medio para hacerse ricos.

Sanguijuelas.

Sin embargo, y esto es importante que lo tengamos todos claro para no caer en la trampa de estas garrapatas, la ignorancia, la soledad y el miedo forman parte de la vida. Incluso son necesarios para que vivas de verdad y mejores un poco día a día.

La felicidad absoluta: tu peor pesadilla

La felicidad no es algo que puedas poseer. No es algo que puedas conservar en una vitrina. Es un proceso. Es algo que debes perseguir, pero con la convicción de que, en el camino, también puedes pasarlo mal. Y estas dificultades forman parte del proceso de aprendizaje, de autoconocimiento y, también, de la propia vida. Tus cicatrices son como tus tatuajes: recordatorios de tus errores, pero también de tus vivencias.

Alcanzar la felicidad a través de un atajo solo te evitará experimentar todo lo necesario para tu bagaje vital. Entonces la felicidad se puede convertir en una trampa. Un chute neuroquímico, una raya de coca, un espejismo que no tardará en desaparecer y te dejará aún más vacío que al principio. Con una mayor necesidad de recibir otro chute.

Esto ocurre porque nuestro cerebro no está preparado para experimentar la felicidad durante demasiado tiempo. Es muy fácil de entender la razón: si siempre estuviéramos felices, no haríamos nada por cambiar y progresar. No conquistaríamos ninguna meta. Solo la incomodidad y la necesidad de estar mejor nos empuja a movernos, a vivir.

La felicidad total es paralizante. Es narcótica. Es destructiva.

La felicidad es como una zanahoria que ponemos delante del burro para que siga andando. Un anzuelo. De vez en cuando, podrás darle un mordisco y disfrutarla. Pero la idea es que esté siempre a unos centímetros de ti para que sigas adelante, en su búsqueda. Porque el objetivo no es que la poseas. El objetivo es que la tengas en el horizonte.

Con esto no estoy diciendo que no puedas ser feliz cada día, sino que también vas a pasarlo mal. Y eso está bien. Evitar pasarlo mal a toda costa para alcanzar solo una felicidad plena y sin fisuras no solo es un engaño, sino que puede acabar siendo perjudicial.

Las ratas que alcanzaron la máxima felicidad

En otoño de 1953, Peter Miler y James Olds, de la Universidad McGill (Canadá), implantaron unos electrodos en el cerebro de unas ratas. Concretamente en una región del cerebro llamada *septum pellucidum*.

Los investigadores entregaron a las ratas un pulsador que, al ser oprimido, aplicaba una descarga eléctrica breve y de poca intensidad a través de los electrodos. Tanto placer recibían las ratas, que algunas llegaron a autoestimularse hasta dos mil veces por hora en un solo día. Se olvidaron de todo, incluso de comer. Hasta el punto de que, para que no murieran, tuvieron que arrancarles los electrodos.

Robert Galbraith Heath, fundador y director del Departamento de Psiquiatría y Neurología de la Universidad de Tulane de Nueva Orleans, llevó a cabo un experimento similar, pero con seres humanos. Todos reaccionaron de la misma manera que las ratas. Muchos se quedaron enganchados a esa sensación de felicidad y placer infinitos, como si fueran simples ratas de laboratorio, tal y como explica el neurólogo David J. Linden:

El paciente se autoestimulaba todo el día hasta el punto de descuidar su aseo personal y sus obligaciones familiares. Acabó con una ulceración crónica en la punta del dedo que empleaba para ajustar la intensidad de la estimulación, una intensidad que intentaba aumentar manipulando el aparato. A veces suplicaba a su familia que le limitara el acceso al estimulador, pero no tardaba en exigir que se lo devolvieran.*

A diferencia de lo que dice el pensamiento positivo, no todo es perfecto, no todo es maravilloso. Pero lo más importante: no tiene por qué serlo. No debemos engañarnos para pensar lo contrario. Porque, paradójicamente, eso nos acabará frustrando más.

Las recetas mágicas no existen. Y si existieran, ten por seguro que nadie escribiría un libro para contarlas.

El problema es que la autoayuda es un negocio que produce beneficios económicos enormes. Así que van a continuar escribiéndose libros, impartiéndose charlas, subiéndose vídeos que presentan fórmulas mágicas que, encima, pueden ser contraproducentes.** El pensamien-

* *La brújula del placer*, de David J. Linden.

** Como ha sugerido en un estudio de 2007 el profesor de Psicología Carsten Wrosch, de la Universidad de Concordia, renunciar a objetivos demasiado ambiciosos resulta beneficioso, y perseguirlos a toda costa, contraproducente.

to positivo sin más, como si fuera una religión, incluso es un problema de salud pública.*

Hay que ser positivos y optimistas. Hay que tirar hacia adelante. Hay que luchar por nuestros objetivos. Pero sin dejar de ser realista. Sin olvidar que el mundo es complejo, que no siempre podremos gestionar una desgracia, que cualquiera puede traicionarnos, que la mala suerte puede condenarnos a un futuro de mierda. Nosotros no siempre somos los responsables de todo lo malo que nos pase. Tampoco de lo bueno. Al universo se la suda si vivimos o morimos. Así es la puta vida.

Me gusta el pensamiento positivo. Lo que no me gusta es el autoengaño. Y la mayor parte del pensamiento positivo que hoy en día nos quieren colar es autoengaño puro y duro.

Tienes que ser optimista, pero no sobrestimarte. Hay que ver la vida desde un prisma positivo, pero no con gafas de color de rosa.

Hay que ser optimista sin perder de vista el mundo real. Sin entregarnos a la fantasía, la pseudociencia, las chaladuras o las recetas de algún brujo cuántico que solo quiere nuestro dinero. Más que optimista, hay que ser *optirrealista.*** Un optimista que nunca deja de tener los pies en el suelo.

* Tal y como explica Barbara Ehrenreich en *Sonríe o muere. La trampa del pensamiento positivo*. Ehrenreich presenta la evidencia de numerosos estudios que demuestran que el pensamiento positivo no tiene efecto significativo en las tasas de supervivencia de muchas enfermedades.

** *¡El mundo va mucho mejor de lo que piensas!*, de Jacques Lecomte.

La paradoja de Stockdale o el exceso de optimismo

El almirante James Stockdale, prisionero estadounidense de mayor rango de la guerra de Vietnam, se dio cuenta de una cosa acerca de los soldados con los que compartía cautiverio en Hanoi Hilton, en Vietnam. Quienes fallecían antes eran los que no dejaban de repetir que iban a salir de allí en poco tiempo. Los que se ponían plazos irreales. Es decir, los prisioneros que eran demasiado optimistas y se veían frustrados una y otra vez cada poco tiempo, como si estuvieran subidos a una noria emocional.

A partir de esta anécdota, se conoce como «paradoja de Stockdale» al fenómeno de que demasiado optimismo puede favorecer que nos decepcionemos con frecuencia si las cosas no ocurren tal y como habíamos planeado. Como si todo respondiera a un guion de Hollywood.

Tampoco los prisioneros pesimistas lograban sobrevivir, porque no hacían esfuerzos para conseguirlo. Aceptaban con resignación que sus vidas ya se habían terminado.

La clave estaba en saber medir la dosis de optimismo con la de pesimismo. No abrazar ninguno de los dos extremos.

Este libro quiere fomentar el pensamiento positivo, porque es importante para vivir y seguir adelante. Pero también quiere mostrarte cómo funciona el juego. Cómo se reparten las cartas. Las trampas que hay. Los obstáculos que no podrás superar por mucho que lo intentes. Si mides 1,50 no vas a jugar en la NBA, y lo que te aconsejo es que focalices tus esfuerzos en otros objetivos.

El *mood* debe de ser el mismo con el que entras a un casino en Las Vegas. Vengo a pasármelo bien. Vengo a jugar. Vengo a echar el rato con mis amigos. Vengo a pasar una noche que recordaré con una sonrisa. Incluso puede que gane una pasta. Pero sin olvidar que en el casino, la banca siempre gana.

EN RESUMEN:

La autoayuda es un término que se ha pervertido. Huye de él.

El pensamiento positivo es bueno, pero sin perder de vista la realidad. Porque el exceso de optimismo incluso puede matarte.

Las recetas mágicas no existen. Solo presta atención a los consejos que tienen en cuenta los pros y contras de un mundo complejo y cambiante.

Juega y apuesta, pero sin olvidar quién reparte las cartas.

Bibliografía

LIBROS

- *Sonríe o muere. La trampa del pensamiento positivo*, de Barbara Ehrenreich.
- *Happycracia. Cómo la ciencia y la industria de la felicidad controlan nuestras vidas*, de Edgar Cabanas y Eva Illouz.
- *La brújula del placer*, de David J. Linden.
- *¡El mundo va mucho mejor de lo que piensas!*, de Jacques Lecomte.

PELÍCULAS

- *El lado bueno de las cosas.*
- *Intocable.*
- *Pequeña Miss Sunshine.*
- *Ahora o nunca.*

ESTUDIOS

- «Giving up on unattainable goals: benefits for health?», *Personality and Social Psychology Bulletin*, febrero de 2007.
- «Dark contrasts: The paradox of high rates of suicide in happy places», *Journal of Economic Behavior & Organization*, diciembre de 2011.
- «Suicide in Happy Places: Is There Really a Paradox?», *Journal of Happiness Studies*, 2019.

8

ACEPTA EL DESASTRE

Los tiempos difíciles crean hombres fuertes. Los hombres fuertes crean buenos tiempos. Los buenos tiempos crean hombres débiles. Y los hombres débiles crean tiempos difíciles.

G. Michael Hopf

Felicidad no es hacer lo que uno quiere, sino querer lo que uno hace.

Jean-Paul Sartre

Todo se puede ir a la mierda. Vamos a fallar. Vamos a ser derrotados. Vamos a equivocarnos. Una y otra vez.

En todos los sentidos y en cualquier ámbito de la vida.

No importa quien seas ni el dinero que tengas. Da igual lo inteligente que seas. Los estudios que hayas cursado. La buena familia en la que te hayas criado.

Un cambio brusco de los acontecimientos puede arrasar de golpe con todo lo que habías construido o habías soñado. Demostrándote que todo eso era tan endeble como un castillo de naipes. Y eso puede pasarte, puede pasarnos, en el momento menos esperado.

Llega un momento en el que no puedes protegerte más de lo que ya lo haces. En el que no puedes aspirar a tener más seguridad. La única forma de que el desastre no te alcance es que te encierres en tu casa y no vivas la vida. E incluso así, el desastre puede colarse por cualquier grieta.

Además, si te encierras en tu mundo por miedo a ser herido, entonces ya estás muerto. El pago que has hecho por vivir tranquilo ha sido tan alto que ni siquiera vas a vivir en realidad.

El fracaso también es éxito

He conocido a gente con mucho éxito, con mucha popularidad y con mucho dinero. Ni uno solo de ellos ha dejado de contarme alguna derrota espectacular. Desde que han sido timados o traicionados hasta que han sido engañados. Tanto por amigos como por compañeros de trabajo, tanto por familiares como por parejas o amantes.

Ni siquiera quienes están en el top están a salvo.

No existe un camino de rosas para nadie. Hay dramas en todas partes. Te van a venir hostias por sitios que ni te imaginas. Hasta el más seguro de sí mismo ha tenido que morir y resurgir de las cenizas en más de una ocasión.

Los principios del estoicismo

El estoicismo, una escuela filosófica fundada por Zenón de Citio en Atenas a principios del siglo III a. C., postula que, mediante el cultivo de la razón, la virtud y el autocontrol, todos podemos tener una vida feliz.

Lo que dicen los estoicos es que el mundo es caótico y que no puedes controlarlo todo. Así que debes preocuparte solo de lo que puedes controlar, de lo que depende de ti, y despreocuparte del resto. Si lo que no puedes controlar va en tu contra, entonces intenta tomártelo de la forma menos dramática posible.

Una herramienta útil para conseguir esto último es la llamada visualización negativa, es decir, imaginar que siempre podría haber sido peor.

Los estoicos no dan tanta importancia a lo que tienes como a la forma en que aprecias lo que tienes. Por eso, prefieren enfocar sus esfuerzos en disfrutar de lo segundo, y evitan en lo posible codiciar más dinero o más fama. Porque siempre hay dinero y fama que perseguir, lo que nos empujará a una carrera que nunca termina.

Nunca olvides las palabras de uno de los estoicos más famosos, el filósofo griego Epicteto: no esperes que el mundo sea como deseas, sino como es realmente. De esa manera tendrás una vida pacífica.

Yo mismo sé lo que es subirse a una montaña rusa de éxitos y fracasos tanto a nivel profesional como personal. Es cierto que nunca he tenido un día en el que piense que todo se me ha ido a la mierda. Pero también, en parte, esto es así porque no le he dado tanta importancia ni siquiera a los momentos más duros.

Al final, la mejor forma de enfrentarse a toda esta incertidumbre es relativizar. Darte cuenta de que, aunque pierdas algo, no estás tan mal. Aunque alguien te apuñale, hay otras personas que te quieren. Que un mal día lo tiene cualquiera. Que (casi) siempre hay plan B, C y D. Que (casi) siempre puedes hacer algo.

Ha habido años en los que he tenido ingresos más bajos. Épocas en las que he tenido más problemas en mi vida privada. Incluso momentos donde quizá estaba siendo egoísta. También situaciones en las que me daba cuenta de que hacía las cosas más por contentar a los demás que porque yo creyera en ellas.

Yo sé lo que es aceptar el desastre. Darte cuenta de que lo que has construido estaba empezando a derrumbarse.

Por ejemplo, al principio de tener éxito, fui estafado por uno de mis mejores amigos. Una persona en la que yo confiaba totalmente se rio de mí y me dejó mi cuenta bancaria a cero euros. Una persona que creía un gran amigo me había traicionado solo por dinero. Era la primera vez que había ahorrado una buena cantidad en mi vida, y de repente lo había perdido todo.

Más tarde, por culpa de esa misma persona, tuve que

pagar una multa por su mala gestión. Eso volvió a arruinarme por segunda vez.

Me he quedado a cero dos veces en mi vida por la traición y la mala cabeza de otras personas (y la mía por demasiado confiado). Dos jodidas veces.

Pero no me hundí ni pensé en abandonarlo todo. Me di cuenta de que la vida podía ser una puta mierda, claro, pero acepté que son cosas que pasan. Que la vida también tiene esa clase de momentos. No me pareció un castigo divino ni una injusticia intolerable. No me di tanta importancia a mí mismo para creer que el universo conspiraba en mi contra o que tenía demasiada mala suerte. Joder, hay millones de personas pasando hambre en el mundo, ¿cómo puedo pensar eso?

Además, incluso en el primer mundo, todos, absolutamente todos, vamos a morder el polvo en alguna ocasión si decidimos vivir la vida con todas sus consecuencias.

Uno de mis mejores amigos me había traicionado, sí, pero también hay personas que valen mucho la pena. Había cometido un error confiando en determinadas personas, sí, pero he acertado con otras.

Si sabes que un día te puede venir la hostia, al final la hostia duele menos. O al menos se supera más fácilmente el golpe.

Solo hay una cosa segura e invariable en la vida: la muerte. Es lo único que no puedes evitar. El resto, tómatelo como tú quieras y sin olvidar que la única forma de no sufrir es no vivir.

Los tetrapléjicos son más felices de lo que creemos

Todos podemos sobreponernos a un gran golpe en la vida. Nuestra capacidad de resiliencia es asombrosa. Por eso se nos da tan mal pronosticar cómo nos sentiremos en un futuro si nos pasa algo malo.

El psicólogo y economista Daniel Kahneman, en su libro *Pensar rápido, pensar despacio*, ofreció cuestionarios a 119 estudiantes que incluían preguntas sobre lo felices que creían que eran los tetrapléjicos.

Los resultados demostraron que los que conocían a tetrapléjicos (amigos y familiares) los consideraban más felices que quienes no los conocían.

Los que mejor sabían cómo era la realidad de tales pacientes eran los que los conocían de primera mano. Quienes más se equivocaban eran los que solo usaban su imaginación para tratar de predecir cómo se sentirían ellos en caso de sufrir esa enfermedad.

Problemas del primer mundo o cómo nos estamos volviendo cada vez más débiles

Aunque tenemos una gran facilidad para soportar los golpes de la vida, e incluso aprender de ellos, no todos tenemos la misma capacidad para hacerlo. De hecho, es una capacidad que las nuevas generaciones parecen estar perdiendo. En vez de resilientes, las nuevas generaciones se han vuelto débiles. Lloronas. Mimadas. Incapaces de asimilar el fracaso y la frustración.

En general, somos unos privilegiados. Las estadísticas nos informan que, en general, y sobre todo en Europa occidental, estamos mejor que nunca en la mayoría de las cosas. Hay menos homicidios, hay menos crímenes, hay menos robos, hay menos guerras. Hay menos enfermedades mortales. Hay mayor esperanza de vida. Hay más prosperidad.

Por supuesto, hay cosas que van a peor, incluso cosas que son una auténtica mierda. También hay personas que han tenido muy mala suerte en la vida. Pero, en general, estamos mejor que antes. Sobre todo si echamos la vista varios siglos atrás.*

No obstante, seguimos quejándonos. Continuamos amargados. Perseguimos recetas mágicas para ser más felices.

* *Los ángeles que llevamos dentro*, de Steven Pinker.

Más preocupados cuando hay menos motivo

La fluencia o deslizamiento de concepto es el proceso mediante el cual los temas relacionados con el daño tienen definiciones cada vez más generales y más amplias, expandiéndose hasta ideas que antes no se consideraban dañinas.

Nick Haslam fue el primero en identificar este fenómeno en 2016 en conceptos como abuso, intimidación, trauma o prejuicio, entre otros.*

Este fenómeno es peligroso porque nos puede hacer creer que las cosas están peor que antes, cuando en realidad solo identificamos más casos porque diagnosticamos como tal cada vez más cosas.

Por esa razón, se da la paradoja de que las personas están cada vez más preocupadas por los crímenes violentos a medida que los crímenes violentos descienden. Lo cual es reforzado por el llamado principio de Shirky: las instituciones intentan preservar el problema que están intentando solucionar para no desaparecer.

Todo esto ocurre, como ya he dicho antes, porque estamos diseñados para querer más y más. Nunca será suficiente. Pero también está ocurriendo otra cosa: estamos acos-

* «Concept Creep and Psychiatrization», *Frontiers in Sociology*, 2021.

tumbrándonos a estar tan poco expuestos a los problemas, que nuestra capacidad para tolerarlos se está reduciendo.

En pocas palabras: nos estamos volviendo blandos y débiles. Estamos, como dicen algunos sociólogos, ante una nueva generación llamada *snowflake.** O como se dice popularmente: «puño de hierro, mandíbula de cristal».

Así que, paradójicamente, la ansiedad, la depresión o la frustración no están aumentando porque vivamos en un mundo de mierda. Aumentan porque nos han acostumbrado a la idea de que el mundo tiene que ser perfecto y estar hecho a nuestra medida. Un mundo donde somos los protagonistas y donde todo nos tiene que salir bien. Un mundo donde siempre tenemos razón. Donde siempre somos víctimas de cualquier cosa que nos moleste, aunque solo sea que se dirijan hacia nosotros con un pronombre que no nos define o se cuente un chiste que se burla del colectivo al que pertenecemos. Eso sí, tales colectivos ofendidos son muy concretos: por ejemplo, el colectivo de los «obesos» se puede ofender por los chistes sobre su cuerpo, pero no el colectivo de los «calvos». Y viceversa.

En la olimpiada de la opresión, unos siempre creen que sus motivos, causas o sufrimientos son mayores, en gene-

* *Snowflake* o «copo de nieve» describe a una persona muy vulnerable emocionalmente, que se ofende con facilidad, es incapaz de gestionar las críticas y tiene muy poca resiliencia. El término procede de la novela y película *Fight Club*, donde Tyler Durden dice: «*You are not special. You are not a beautiful and unique snowflake*» (No eres especial. No eres un precioso y único copo de nieve).

ral, que los del resto. Pero como todos queremos nuestra cuota de protagonismo, al final acabamos formando parte de estos colectivos directa o indirectamente para también salir beneficiados.

Un mundo donde todo nos puede hacer daño también es un mundo donde hay más censura y menos libertad de expresión, porque todo puede potencialmente molestar a cualquier persona. Cada vez hay más palabras tabú, cada vez es más sencillo que alguien te califique de fascista por tu opinión, cada vez es más común que se boicoteen charlas, presentaciones de libros o incluso profesores universitarios.

Censura de opiniones hacia grupos desfavorecidos

Quienes tienen el reconocimiento general de ser un grupo oprimido o desfavorecido se benefician de una ventaja frente al resto. Concretamente, en un estudio realizado con cuatro muestras de tres países (Estados Unidos, Reino Unido y Hungría), se descubrió que la gente censura más la información que retrata desfavorablemente a grupos de bajo estatus percibido (mujeres, negros, musulmanes). Sin embargo, no tiene problema con evitar la censura con grupos de alto estatus (hombres, blancos, cristianos).*

* «A cross-cultural analysis of censorship on campuses», Universidad de Pennsylvania, 2020.

En otro estudio, se llegó a la conclusión de que las mujeres están más predispuestas a censurar estudios y hallazgos que puedan resultar ofensivos, aunque sea a riesgo de borrar la evidencia científica, porque les resultaban más importantes los sentimientos de los ofendidos.*

Este mundo de algodones no solo ha sido fomentado por instituciones, medios de comunicación o sistemas educativos que cada vez exigen menos (hasta el punto de querer sustituir términos como «suspendido» por «en proceso de logro»),** sino también por los padres.

Unos padres cada vez más involucrados en la crianza, cada vez menos dispuestos a tolerar que sus hijos se enfrenten a cualquier fracaso, más sobreprotectores. Son los llamados «padres helicóptero» porque siempre

* «Academic Freedom in Crisis: Punishment, Political Discrimination, and Self-Censorship», *CSPI*, marzo de 2021.

** La Generalitat de Cataluña prevé calificar los suspensos en primaria y la ESO como «en proceso de logro», según consta en el borrador del decreto de Currículums. Asimismo, el Govern tiene previsto que se pueda aprobar la ESO con algún suspenso «si de forma colegiada el equipo docente considera que no será impedimento para la continuidad formativa» (<https://www.antena3.com/noticias/sociedad/cataluna-preve-calificar-suspensos-escolares-como-proceso-logro_2022020261fa788a6f203000013b8713.html>).

están sobrevolando y vigilando a sus hijos, de forma paranoica.* Padres que están tan pendientes de sus hijos que estos acaban creyéndose el centro del universo.

Así que los padres que sobreprotegen a sus hijos no solo los hacen más débiles y escasamente preparados para la frustración, sino que también los vuelven más egocéntricos y narcisistas. Por esa razón, muchos se sienten tan especiales que cualquier molestia acaba siendo el principal problema que debe tratarse.**

No es extraño que, desde la década de 1990, haya aumentado el número de chavales que se identifican con frases como «Creo que soy una persona especial» o «Sé que soy bueno porque la gente no deja de decírmelo».***

Al vivir en un mundo cada vez más perfecto y diseñado para sentirnos a gusto, sobre todo si esa perfección es de mentira, somos más proclives a alarmarnos por cualquier detalle que desentone con esa perfección. Es como

* La expresión «padres helicóptero» se popularizó a raíz de las declaraciones de un adolescente de Estados Unidos sobre los cuidados que recibía de su madre: «Mi mamá sobrevuela por encima de mí como si fuera un helicóptero». El psicólogo Haim Ginott recogió esa definición en el libro *Between Parent & Teenager.*

** La sobreprotección que ejercen los padres en la infancia de sus hijos también puede conducirles a desarrollar el «síndrome de Peter Pan», que se caracteriza por la inmadurez en ciertos aspectos psicológicos y sociales y que puede derivar en narcisismo.

*** «Egos inflating over time: a cross-temporal meta-analysis of the Narcissistic Personality Inventory», *Journal of Personality*, julio de 2008.

una habitación totalmente blanca: allí siempre llamará mucho más la atención cualquier mínima mancha.*

Es como la persona que nunca sale de casa por miedo a ser atropellada por un coche. Es cierto que, si no sale de casa, la probabilidad de sufrir ese daño se reduce a cero. Pero ¿qué precio ha pagado por su seguridad? Dejar de vivir. Dejar de tener experiencias. Dejar de sentirse dueño de sí mismo.

A todos nos duelen las heridas. Todos tenemos miedo.

Yo el primero.

Pero las cicatrices son imprescindibles. Son las pruebas de que has vivido, fallado, mejorado, aprendido. Son como los tatuajes naturales que te informan a ti y a los demás de tus experiencias vitales.

Llegar a la tumba sin ninguna de esas cicatrices no significa que hayas vivido mejor. Normalmente, lo que significa es que has vivido menos.

Me gusta ser realista. Saber que nunca podré ser el mejor, pero que puedo mejorar y ser mejor de lo que era ayer. Protegerse del daño está bien. Huir como si fuera algo que no tiene que pasar jamás, no.

* Algunos autores, de hecho, hablan de la paradoja del suicidio para sugerir que en las regiones de Estados Unidos donde hay más gente feliz es donde hay más suicidios. Aunque hay que ser cautelosos con estas conclusiones porque el suicidio es un fenómeno multicausal.

Los problemas de la sobreprotección

Al vernos privados del riesgo, nos convertimos en una sociedad más adversa a él, lo que finalmente hace bajar el listón de lo que consideramos amenazante o censurable. Tal y como explican Jonathan Haidt y Greg Lukianoff en su libro *La transformación de la mente moderna:*

> Considerarán que más tareas de la vida cotidiana superan su capacidad para manejarlas por su cuenta sin la ayuda de un adulto.

La sobreprotección nos hace frágiles, cuando lo que deberíamos intentar es que las sociedades fueran antifrágiles (que no es lo mismo que rígidas y duras). Como lo explica el filósofo Nassim Nicholas Taleb:

> Algunas cosas se benefician de los sobresaltos, prosperan y crecen cuando se exponen a la volatilidad, la aleatoriedad, el desorden y los factores estresantes, y aman la aventura, el riesgo y la incertidumbre. Sin embargo, a pesar de la ubicuidad del fenómeno, no hay palabras para lo opuesto a lo frágil, llamémoslo antifrágil. La antifragilidad está más allá de la resiliencia o la solidez. El resiliente resiste los choques y permanece igual, lo antifrágil mejora.*

* *Antifrágil. Las cosas que se benefician del desorden*, de Nassim Nicholas Taleb, Paidós, 2013.

Así que la incomodidad no siempre debe evitarse, porque también es un aprendizaje. La educación debe de estar centrada en enfrentarnos a lo complejo, al pensamiento crítico y al debate, no a dar la razón a las mayorías o evitar las críticas a toda costa. Se debe de estar dispuesto a escuchar cosas que no nos gustan. La verdad suele ser más importante que el confort.

Si seguimos sobreprotegiendo a las nuevas generaciones, en breve no tener un problema de salud mental va a ser un auténtico lujo. Va a ser como comerse un plato de caviar cada día. Un lujo al alcance de muy pocos.

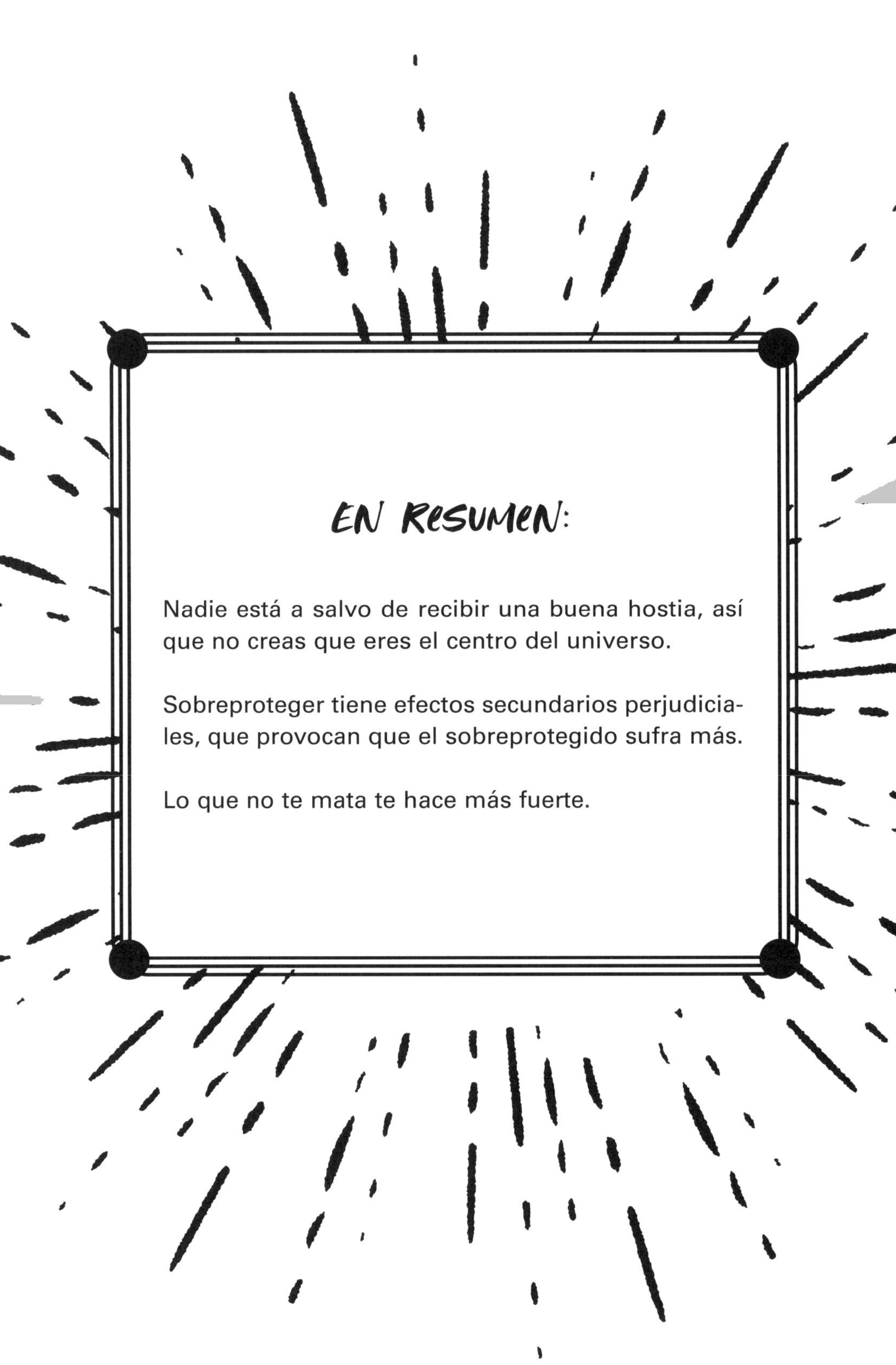

EN RESUMEN:

Nadie está a salvo de recibir una buena hostia, así que no creas que eres el centro del universo.

Sobreproteger tiene efectos secundarios perjudiciales, que provocan que el sobreprotegido sufra más.

Lo que no te mata te hace más fuerte.

Bibliografía

LIBROS

- *Optimismo inteligente*, de María Dolores Avia y Carmelo Vázquez.
- *El pequeño libro de la filosofía estoica*, de Javier G. Recuenco y Guillermo de Haro.
- *Pensar rápido, pensar despacio*, de Daniel Kahneman y Amos Tversky.
- *Antifrágil. Las cosas que se benefician del desorden*, de Nassim Nicholas Taleb.
- *El mito de la educación*, de Judith Rich Harris.
- *La transformación de la mente moderna*, de Jonathan Haidt.
- *De qué (no) te vas a morir*, de Sergio Parra.

PELÍCULAS

- *Canino.*
- *El bosque.*
- *Capitán Fantástico.*
- *The Act* (serie).
- *Buscando a Nemo.*

ESTUDIOS

- «A cross-cultural analysis of censorship on campuses», Universidad de Pennsylvania, 2020.
- «Academic Freedom in Crisis: Punishment, Political Discrimination, and Self-Censorship», *CSPI*, marzo de 2021.
- «Concept Creep and Psychiatrization», *Frontiers in Sociology*, 2021.
- «Egos inflating over time: a cross-temporal meta-analysis of the Narcissistic Personality Inventory», *Journal of Personality*, julio de 2008.

9

LA FELICIDAD NO ES TRIUNFAR

La perfección es simple masturbación.

Tyler Durden

La gloria huye de los que la buscan y sigue a los que la desprecian, porque aquellos se acomodan al gusto de sus contemporáneos y estos lo afrontan.

Arthur Schopenhauer

La felicidad es marketing.

Una bonita palabra de marketing.

La definición de felicidad es muy personal. Cada uno de nosotros seguramente tendrá una definición distinta. Para algunos la felicidad es el dinero. Para otros, tener una familia. Incluso puede que para alguien la máxima felicidad sea sencillamente pasar una noche de farra.

En realidad, definir la felicidad es difícil porque nada es LA felicidad, pero todo pueden ser factores que contribuyan a hacer que te sientas a gusto. Podemos obtener fragmentos de la felicidad, pero nunca la felicidad entera.

Es decir, que no debes obsesionarte con la idea de que hay ALGO, una única cosa, que si la logras te permitirá por fin ser feliz para siempre. Cada una de las cosas que obtengas puede, y solo puede, hacerte parcialmente feliz. Y, además, esa felicidad seguramente no durará siempre. De hecho, es más que probable que su efecto dure mucho menos de lo que habías imaginado.

Pero si yo tuviera que definir mi propio concepto de felicidad lo haría así: la posibilidad de reducir al mínimo el número de preocupaciones reales que tienes en la vida, la sensación de gastar tu tiempo diario haciendo cosas que realmente te gustan y te divierten, y todo esto mezclado con la posibilidad de rodearte de gente que te haga bien.

La ecuación sería:

felicidad = (diversión – preocupaciones)*(círculo social sano)

O algo así.

Por eso puedo considerarme una persona feliz, dentro de mis estándares.

Lo que creo es que la felicidad no debería depender del triunfo y el éxito. A lo grande. Porque el triunfo y el éxito son cosas tan poco habituales, tan minoritarias, tan difíciles de obtener, que entonces nunca vas a ser feliz.

Reconciliándote con lo que ya tienes

Nos venden machaconamente que el éxito es la meta. Pero solemos confundir la idea de éxito. Para muchos, el éxito es una vida normal y corriente. Mis padres, por ejemplo, son personas muy normales. Mi madre era dependienta de una tienda de ropa y mi padre era comercial de una compañía eléctrica. Según el baremo actual, mis padres no son personas de éxito. Sin embargo, han tenido una vida espectacularmente feliz porque su objetivo no era otro que tener una buena familia, una buena relación con su hijo, no pasar penurias y estar sanos. Y lo han logrado.

La exageración de perseguir objetivos

Perseguir objetivos, conquistar metas como propósito para alcanzar la felicidad, es una idea relativamente reciente. Por esa razón, la frase textual «perseguir objetivos» (*goal pursuit*) no apareció en los libros escritos en inglés hasta 1950.

Según explica el psicólogo estadounidense Adam Alter, hasta el siglo XIX ni siquiera existía una palabra precisa para definir este concepto, que es sinónimo de perfeccionismo. Hace un siglo, el perfeccionismo aparecía en el 0,1 % de los libros publicados. Hoy aparece en el 5 %:

Todo esto cobra ahora más relevancia que nunca porque tenemos razones sólidas para creer que vivimos en una era sin precedentes, en la que impera la cultura del objetivo, protagonizada por el perfeccionismo adictivo, la autoevaluación, largas jornadas trabajando y pocas disfrutando de nuestro tiempo.*

Tener éxito y triunfar deberían ser cosas que tengan que ver con tus objetivos cotidianos. Nada que ver con la idea peliculera de éxito y triunfo. Nada que ver con los yates de lujo o con las audiencias millonarias.

Nada que ver con frases como «sé tu propio jefe», una idea que antes me gustaba, pero que ahora odio. Porque se ha convertido en un eslogan de timadores. Es una idea que se ha pervertido, se ha prostituido, para venderte un estilo de vida irreal, pero, sobre todo, para venderte una jodida fórmula secreta para alcanzar ese estilo de vida falso. Es un anzuelo que se lanza para que gente frustrada y cansada con su vida y su empleo (o jovencitos que no saben qué hacer) piquen e intenten conseguirlo. Por desgracia, la mayoría de quienes dan esos consejos o mienten, o no van a contarte la realidad de cómo lo lograron.

* *Irresistible. ¿Quién nos ha convertido en yonquis tecnológicos?*, de Adam Alter, Paidós, 2018.

Además, tenemos que aceptar una realidad, que me sorprende que para muchos no sea evidente: la monotonía es básica y necesaria. La gran mayoría de nuestros días son sosos y monótonos. Incluso quienes han triunfado tal y como lo vende Hollywood, o los libros de autoayuda empresarial, en realidad viven una existencia bastante normal la mayor parte del tiempo. Con sus propias miserias y sus rutinas.

Nadie tiene una vida loca llena de aventuras cada día. Eso es algo puntual. Y, además, acaba cansando muy rápido. Volviendo a la dopamina: si la felicidad se basa en esa continua expectación, estás condenado al fracaso.

Ser feliz puede incluso definirse como una tarde de verano jugando con la consola. La felicidad suele estar en los pequeños detalles. Lo que no significa que tu vida deba de ser una rutina perpetua. Eso sería una tortura para alguien como yo, por ejemplo. Alguien a quien le encanta vivir experiencias diferentes, enriquecerse, que es «un nervio» que no suele parar quieto, que odiaría tener un trabajo estándar con horario fijo, que le encanta conocer nuevas personas...

En el punto medio está la clave

Yo no quiero morirme pensando que no he vivido la vida bien (y creedme, que lo he hecho y lo estoy haciendo), pero tampoco quiero fliparme y estar siempre persiguiendo algo que no existe. Que solo existe en nuestra imaginación o en las películas.

Todos debemos aspirar a mejorar, pero no a llegar exactamente a ese lugar que nos hemos imaginado. Porque tener aspiraciones irreales no es saludable. No todo se puede conseguir, pero siempre se pueden conseguir cosas. La cuestión es que seas realista con tus objetivos. Que no se te vaya la olla.

Los objetivos demasiado ambiciosos te pueden hundir

Perseguir sueños irrealizables aumenta los niveles de cortisol, la hormona del estrés, así como los problemas de salud asociados a la presión física y psicológica. Hay que saber cuándo renunciar a determinados objetivos, porque perseguirlos a toda costa es una receta segura hacia la infelicidad. Quienes tienen la madurez de renunciar a esos sueños imposibles, según explica Carsten Wrosch, un psicólogo de la Universidad de Concordia:

> Muestran menos síntomas de depresión, menos afectaciones negativas con el tiempo. También presentan niveles de cortisol más bajos y niveles inferiores en respuesta inflamatoria sistémica, que es un marcador de la activación del sistema inmunitario. Y desarrollan menores problemas de salud física con el tiempo.*

* *Piensa como un freak*, de Steven D. Levitt y Stephen J. Dubner, Ediciones B, 2015.

Y os voy a confesar un secreto, que además es algo común en todas las personas que tienen cierto éxito. Cuando yo, hace años, me imaginaba petándolo, pensaba que tendría una sensación maravillosa de plenitud, de haberlo logrado, una felicidad total y que ya no habría casi preocupaciones. Que alcanzaría una especie de nirvana.

Mis cojones.

Eso nunca pasa del todo, y eso es algo que tuve que descubrir por mí mismo. Por muy impresionante que sea tu éxito, al final te acabas cansando, o dándote cuenta de que no era para tanto. No sientes tantas cosas como creías que fueras a sentir. Lo típico de «en su cabeza sonaba espectacular».

Es como si nuestra imaginación nos traicionara cuando nos proyecta a nosotros mismos a un futuro de éxito. Solo nos cuenta un relato muy resumido de todo ese futuro, solo se fija en los momentos, en los instantes más llamativos. Pero se olvida de que el día tiene 24 horas, y que hay muchos días, uno detrás de los otros. Y, al final, todo lo que te habías imaginado que ocurriría es solo algo que dura únicamente un rato.

Tampoco ayuda el hecho de que normalmente el éxito, el poder, el dinero, alcanzar tus grandes metas… no es algo inmediato, sino un proceso gradual, por lo que no tienes ese subidón que quizá imaginas cuando estás simplemente soñando en conseguir un objetivo. En resumen, que la idea del éxito puede ser más gratificante que el propio éxito.

Y no me malinterpretéis, todo esto que estoy comentando, triunfar, tener éxito, mola, por supuesto. Es alucinante. Pero ni mola tanto ni lo alucinante se mantiene 24/7. Es como pasar hambre e imaginar un plato delicioso durante horas. Cuando por fin llega el plato, te lo tragas de golpe, te quitas la espinita, recibes un chute de placer y ya está. El plato ya se ha terminado. Incluso pensar en otro plato igual te puede dar arcadas porque ya estás lleno. Necesitas otra cosa. Algo que no tenga nada que ver con la comida porque ya no tienes hambre.

De hecho, ahí va otra confesión: antes de ser tan famoso como ahora, recuerdo haber tenido épocas más felices, o como mínimo, igual que ahora. Ni siquiera el éxito o el triunfo han logrado superar esos momentos de plenitud.

A lo mejor me iba con dos euros de fiesta y pasaba la noche de mi vida.

Ahora, lo único que me aporta tener mucho dinero, es que no necesito pensar en él. No necesito preocuparme de quedarme sin él. Pero, más allá de eso, no me inyecta un chute de felicidad diaria, cada hora de mi vida. Veo mi extracto bancario, que hace años me hubiera hecho llorar de la alegría y asombro, de forma fría y sin pensar ni dos minutos en la cantidad ni en los ceros. Y no lo digo desde la falsa modestia, yo soy el primer sorprendido, pero como he comentado antes, es mucho mejor imaginar algo que experimentarlo.

La vida es larga y complicada, y hacen falta muchas más cosas para llenarla.

El anticlímax del clímax

Psicológicamente, cada vez que alcanzamos un propósito recibimos una sensación de clímax, pero como dura poco y es adictiva, entonces nos invade el anticlímax. Para superarlo, entonces, nos fijamos en otro objetivo, incluso más ambicioso.

Imagina algo alucinante, como ganar un gran premio en la lotería. La evidencia científica dice que la mayoría de esas personas acaban siendo igual de felices que antes de haber ganado el premio, incluso algunas son más infelices, tal y como explica el experto en comportamiento humano Oliver Burkeman:

> Cuando ves la vida como una sucesión de metas que alcanzar, te encuentras en un estado de fracaso cuasi permanente. Pasas la mayor parte del tiempo alejado de lo que has definido como la encarnación del logro o del éxito. Y, en el caso de que lo alcances, sentirás que habrás perdido aquello que te proporcionaba un sentido de propósito, así que lo que harás será establecer un nuevo objetivo y empezar de nuevo.*

* «Want to succeed? You need systems not goals», Oliver Burkeman, *The Guardian*, 2014.

Nunca, JAMÁS, se van a cumplir tus expectativas.

Pero eso no es malo, y no tiene que frustrarte ni amargarte. Disfruta el momento, **el ahora**.

La felicidad es el ahora

Si siempre estamos pensando en que la felicidad está en el futuro, no viviremos el presente. Pensar en el futuro está bien, pero sin obsesionarse. Porque si pasas demasiado tiempo en el futuro, al final no vives el presente. Y has diseñado un futuro tan extremadamente detallado con tus deseos, manías y neuras que al final ese futuro se va a parecer cada vez menos a lo que tú creías.

No podemos predecir el futuro. No tenemos una bola de cristal. Así que debemos ir adaptándonos a las nuevas situaciones. Trazar un camino rígido y fijo hacia una meta es lo más irreal que existe. Una de las mayores virtudes que puede tener alguien es, sin duda, la capacidad de adaptación, y es una característica que se debería promover ya desde bien pequeños.

Es decir, que es más importante centrarse en el presente que en el futuro*. Porque cultivando el presente haces crecer el futuro. Soñar despierto está bien, es inevitable

* Concentrarnos en lo que hacemos cotidianamente es lo que propone el psicólogo Daniel Goleman en su libro *Focus*. En definitiva, ser conscientes de nuestro presente, es decir, tener la mente en lo que uno está haciendo.

que a veces se nos vaya la cabeza, pero solo un rato. Y siempre sin perder la perspectiva de que simplemente es eso: un sueño. Que el mundo es mucho más grande y complejo de lo que nosotros tenemos en la cabeza. Afortunadamente.

El poder del circuito dopaminérgico y cómo combatirlo

La motivación humana surge cuando se activa el circuito dopaminérgico de nuestro cerebro. Este circuito evolucionó para fomentar conductas orientadas a dos propósitos: obtener alimento y sexo (sobrevivir) y ganar a nuestros competidores (reproducirnos con las mejores parejas sexuales).

Se activa cuando vemos un alimento calórico (aunque seamos obesos) o cuando vemos a una persona atractiva (aunque tengamos pareja e hijos). Por eso hay famosos como Mick Jagger que, tal y como contó su biógrafo en 2013, había estado con unas cuatro mil mujeres (una pareja distinta cada diez días de su vida adulta).

Sin embargo, si nos centramos en el aquí y ahora, entonces la dopamina se inhibe y nuestro cerebro segrega más serotonina, oxitocina y endorfinas.

La dopamina es la expectación y el futuro. Pero podemos inhibirla con las sustancias químicas del aquí y ahora. Por eso, según la antropóloga Helen

Fisher, el enamoramiento basado en expectativas (la dopamina) dura de doce a dieciocho meses, y solo surge el amor a largo plazo si se comparten otras cosas duraderas, centradas en el aquí y ahora.*

Como punto final, quiero dejar claro que no es malo tener ambición, al revés, es absolutamente positivo y necesario. Marcarnos metas importantes es una buena manera de tirar para adelante, pero nunca tienen que convertirse en nuestra única motivación para ser felices ni en nuestra única razón de vivir. Eso nos abocaría a estar constantemente dejando de disfrutar de lo realmente importante, el ahora.

* *¿Por qué amamos?*, de Helen Fisher.

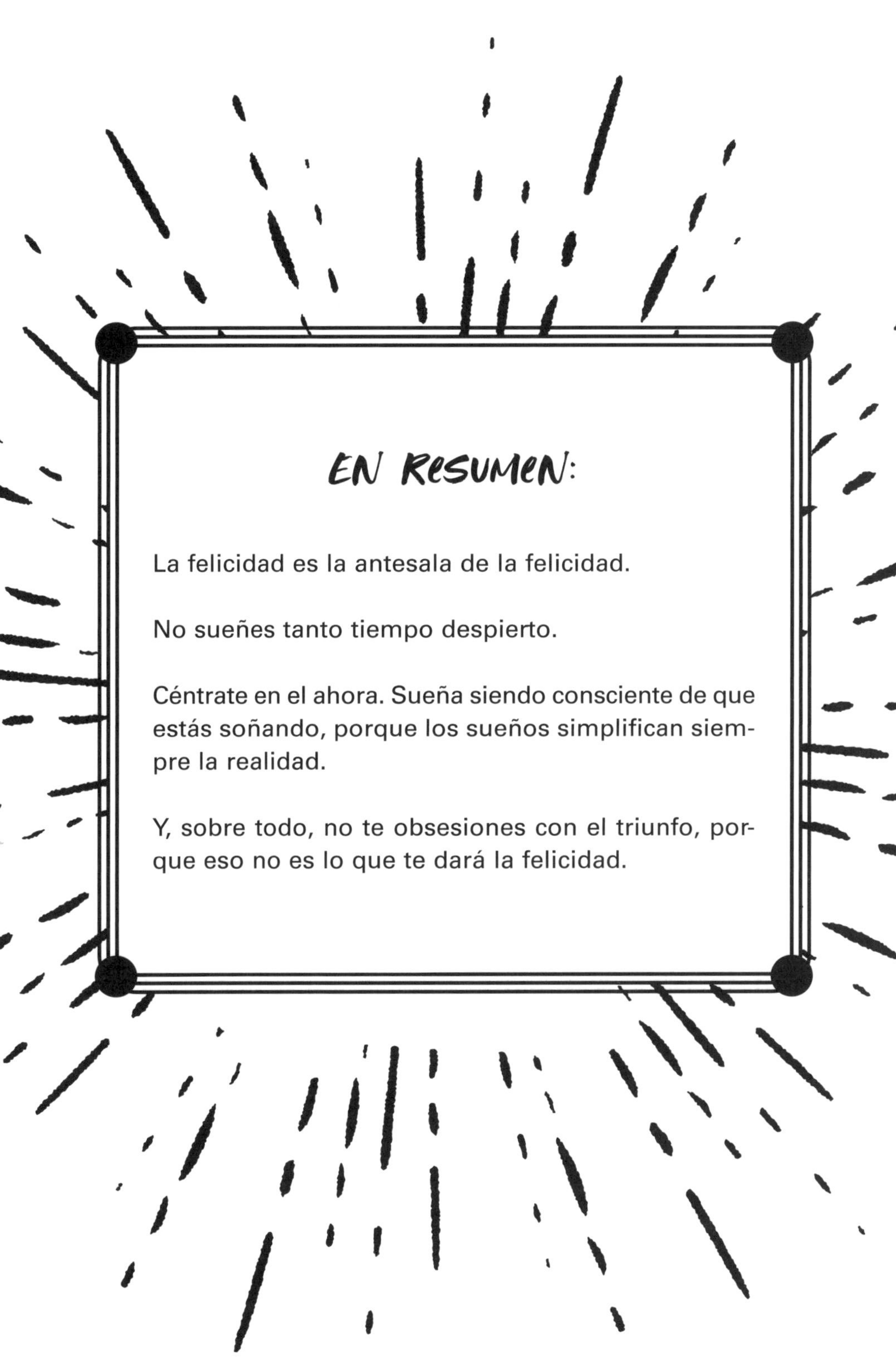

EN RESUMEN:

La felicidad es la antesala de la felicidad.

No sueñes tanto tiempo despierto.

Céntrate en el ahora. Sueña siendo consciente de que estás soñando, porque los sueños simplifican siempre la realidad.

Y, sobre todo, no te obsesiones con el triunfo, porque eso no es lo que te dará la felicidad.

Bibliografía

LIBROS

- *Irresistible. ¿Quién nos ha convertido en yonquis tecnológicos?*, de Adam Alter.
- *Piensa como un freak*, de Steven D. Levitt y Stephen J. Dubner.
- *Focus*, de Daniel Goleman.
- *¿Por qué amamos?*, de Helen Fisher.

PELÍCULAS

- *Soul.*
- *Todo a la vez en todas partes.*
- *Collateral.*

10

NO ERES VIEJO PARA CAMBIAR

No tienes la obligación de seguir siendo la misma persona que eras hace un año, un mes o incluso un día. Estás aquí para crearte a ti mismo, continuamente.

Richard Feynman

Todo el mundo piensa en cambiar el mundo, pero nadie piensa en cambiarse a sí mismo.

León Tolstói

No hay cosa que me dé más pánico y más asco que la persona que es y piensa exactamente igual cuando tiene veinte años que cuando tiene cuarenta. Que no evoluciona. Para mí eso es muy mala señal. Otra *red flag* del tamaño del Empire State Building.

Todos podemos y debemos cambiar continuamente.

Y no importa la edad. Una de las mentiras más grandes de la historia es que si no cambias de joven, ya no vas a cambiar. La maldita frase: «Es que yo soy así ya».

Yo, sin darme cuenta, no he parado de cambiar cosas durante toda mi vida, mis pensamientos, actitud, la forma de enfrentarme o gestionar los problemas. A los veinte. A los veinticinco. A los treinta. Porque la experiencia, las vivencias y los conocimientos nuevos te permiten ver las cosas de otra manera. Ir de otro modo por el mundo. El Jordi de hoy no tiene nada que ver con el Jordi del ayer, ni seguramente tendrá nada que ver con el Jordi del mañana.

Siempre mantienes cierta base, por supuesto. Tu personalidad es posible que sea bastante inmutable: si eres extrovertido seguramente lo seguirás siendo, por ejemplo. Pero tus opiniones y visiones sobre el mundo pueden ser radicalmente diferentes con el paso del tiempo.

Evolución, señores y señoras.

Las rutinas cambian. El esquema mental cambia. Si alguien repite con un orgullo el haber votado toda su vida al mismo partido político, no se está dando cuenta de que en realidad se comporta como un puto sectario. Para mí, esa clase de afirmaciones no deberían dar orgullo, deberían dar que pensar. Seguramente tengo delante a alguien con escasa capacidad para aprender y adaptarse. Algo que va a resultar fundamental en el futuro cambiante que ya llega.

Hay gente que confunde tener principios con no poder pensar diferente jamás.

Que nuestros principios nunca se conviertan en nuestras cadenas.

La ideología es la muerte del pensamiento

Dado que la ideología es un conjunto de ideas fijas que se retroalimentan, las ideologías son perniciosas por su propia definición. Porque nos alejan cada vez más de la verdad. Una ideología debería parecerse más a una navaja multiusos: cada herramienta, de todas las que pueden desplegarse, corresponde a un conjunto de recetas. Cada problema y cada contexto necesitará de una herramienta distinta.

Los antiguos filósofos ya eran conscientes de este problema. Por esa razón, nacieron escuelas de pensamiento que se basaban en la duda y en atacar cualquier idea para reforzarla (en caso de ser cierta) o destruirla (en caso de ser incierta). Un ejemplo de ello es el llamado escepticismo pirrónico representada en la escuela por el filósofo griego Pirrón, a quien se le atribuye la frase:

> La diversidad de opinión existe entre sabios igual que entre ignorantes. Cualquier opinión que yo tenga puede ser repudiada por personas igual de listas y preparadas que yo, y con argumentos tan válidos como los míos.

¿Sabe más el diablo por viejo que por diablo?

La idea de no cambiar porque uno cree que ya lo sabe todo me parece un mal pensamiento incluso para las personas que ya tienen una edad, que ya han vivido muchas cosas, y que supuestamente tienen más experiencia.

Eso es peligroso porque la edad, muchas veces, te hace sentir que sabes más de lo sabes. Pero eso no es necesariamente así. Hay personas de setenta años perfectamente ignorantes. Así que, aunque estés jubilado, aunque seas un anciano al borde de la muerte, siempre hay algo nuevo que aprender. Algo que incorporar a tu esquema mental. Algo que matizar. Alguna lección que, si tienes suficiente humildad, alguien te podrá dar, aunque sea más joven que tú.

Así que la frase «cuando tengas mi edad lo entenderás» o «no sabes lo que dices porque eres muy joven» también las cojo con pinzas. Además, estos argumentos son muy fáciles de desmotar: basta con buscar a alguien mayor que opine como tú. ¿Ahora quién tiene razón? ¿Quién reúne a más personas de ochenta años con tu misma opinión? No, la razón no la tiene nadie. La razón no es cuestión de edad. Ni mucho menos de estar seguro de todo.

La razón es algo que se persigue y, con humildad, se pierde. Debes desear que alguien destruya tus razones, porque tus ideas no eres tú. Tú eres mucho más que un conjunto de ideas. Porque las ideas siempre evolucionan, o deberían evolucionar. Y si tú no evolucionas con ellas, entonces la razón se ha convertido en dogma.

Nunca es tarde para cambiar. Y el hecho de que mucha gente se autoconvenza de que ya es tarde, para mí solo está manifestando su cobardía, su soberbia o su pereza. Tres adjetivos que siempre van a impedir que seas un poco mejor cada día. Tres adjetivos que te definen más fácilmente como alguien que puede ser captado por una secta.

No se trata ni siquiera de grandes reflexiones o de irse a la montaña a meditar. Puede ser un simple cambio de rutinas, como dejar de fumar.

Tu cerebro se enamora de las ideas

A tu cerebro no le gusta la incertidumbre, así que tiende a enamorarse de ideas que la reduzcan, aunque esas ideas sean falsas. Además, cuanto más tiempo llevas abrazando una misma idea, más difícil es cambiarla.

Es como un virus que acaba metabolizado por tu organismo, hasta el punto de que ni siquiera puede eliminarse con los datos o la evidencia, como demostró una investigación del Instituto del Cerebro y la Creatividad de la Universidad del Sur de California que se llevó a cabo mediante resonancias magnéticas en 40 personas.*

* «Neural correlates of maintaining one's political beliefs in the face of counterevidence», *Scientific Reports*, diciembre de 2016.

Por esa razón, cambiar de opinión resulta tan difícil. Es ir en contra de nuestra propia naturaleza. Ser escéptico de las propias certidumbres es como ponerse a dieta de acelgas o ir al gimnasio cuando en realidad nos apetece más tumbarnos en el sofá.

Upgrade: el futuro que viene

Hace unos años, yo no era muy empático en mis relaciones amorosas. Era egoísta, infiel y mentiroso, miraba por mí primero, y por ellas después. Siento vergüenza de actitudes que tuve y que hoy en día me serían imposibles de repetir. Pero cambié. No me supuso ningún drama hacerlo. Y ahora estoy mucho más contento de ser como soy. ¿Cómo seré mañana? Eso ya lo veremos. Porque el mundo no deja de cambiar, y yo pienso hacerlo con él.

Mis opiniones sociales también han cambiado muchísimo. Yo vengo de una generación que era mucho menos sensible en temas de LGTB, feminismo, discriminación y otros asuntos sociales. Antes éramos más brutos y, sinceramente, ni pensábamos en eso. Se decían o hacían cosas que hoy en día resultan anormales o inmorales. Pero ahora ya no soy así. Creo que no es el momento de ser así. No me siento cómodo. Y dentro de diez años, no me sentiré cómodo probablemente con cosas que hoy en día defiendo.

Eso no significa que sea un débil mental, un veleta o un chaquetero. Y los que me sigáis habitualmente sois conscientes de que me mojo y de que no me da miedo hablar de cualquier tema (incluso los considerados tabú), dando mi propia opinión, aunque sea políticamente incorrecta. Lo que realmente significa mi cambio es que me doy cuenta de que no lo sé todo sobre todo y de que tengo que ir aprendiendo. Y también significa que necesito equivocarme mil veces, un millón de veces, para evolucionar. Y cuando tenga ochenta años, si llego, espero seguir evolucionando.

Mi padre es otro ejemplo de ello. ¿Quién hubiera dicho que una persona que era una negada para los ordenadores acabaría en Twitter? ¡Y ahora es un *influencer* con cientos de miles de seguidores! Tener la mente abierta es importante tengas la edad que tengas. Y si dices que no vas a cambiar, que ya tienes una edad, lo que quiere decir en realidad es que has cerrado tu mente. Que el orgullo y la soberbia te han cegado.

Las cinco megatendencias que ya vienen

Una megatendencia es un tsunami social y tecnológico que lo cambia todo de golpe: la forma de pensar, la forma de trabajar, los gobiernos, la producción de bienes y servicios, la economía. Es un cambio radical y disruptivo. De momento, según los analistas hay cinco megatendencias más o menos bien definidas que cambiarán el siglo XXI de tal forma que apenas podemos imaginar cómo será.

Frente a esta avalancha de cambios, lo último que necesitamos son personas que tengan dificultades a la hora de cambiar y adaptarse.

Las cinco megatendencias son:

1. Avance tecnológico exponencial: destrucción y nacimiento de nuevos trabajos.
2. Cambio climático y recursos: nuevas energías y nuevas fuentes de recursos. Cambios en las pautas de consumo.
3. Movimiento demográfico y social: todos viviremos en ciudades, habrá más movimientos migratorios, nacerán nuevas desigualdades.
4. Nacimiento del individuo total: aparecerán cada vez más opciones personalizadas, tanto desde el punto de vista tecnológico y mercantil hasta el social.
5. Cambios geopolíticos: aumento de la influencia de China e India, crecimiento económico exponencial de los países en vías de desarrollo.

No castiguemos sin más el cambio y la evolución. No premiemos sin más los discursos que dicen que seas fiel a tus convicciones hasta el final.

Es cierto que, a medida que transcurren los años, hay estudios que señalan que aprender cosas nuevas es cada vez más difícil. Sobre todo nuevas habilidades. Los niños son esponjas, pero no los ancianos. A esto se le llama plasticidad cerebral, y es la capacidad que tiene el sistema nervioso para cambiar su estructura y funcionamiento como reacción a estímulos del entorno. Es decir, la facilidad de aprendizaje a nivel cerebral. Y si bien es cierto que disminuye con la edad, nunca desaparece del todo, lo que indica que por mucho que sea más difícil, no significa que sea imposible. Tardará más tiempo, le costará más, pero también podrá hacerlo.

Sobre todo ahora que vienen cambios sociales brutales. Cambios a los que no nos queda otra alternativa más que adaptarnos, ya sea a nivel laboral como social.

La Singularity University

La división del trabajo y la especialización son síntomas de civilización. Pero el mundo es cada vez más complejo y cambia más rápido, así que también necesitamos que las personas cambien de especialización. Incluso necesitamos a personas que tengan conocimientos generales y que sepan conectar distintas disciplinas. Eso es lo que intentan desde instituciones como la Singularity University, fundada por Peter H. Diamandis y Ray Kurzweil.

En la Singularity University hay ocho campos curriculares sobre tecnologías disruptivas: biotecnología y bioinformática, sistemas computacionales, redes y sensores, inteligencia artificial, robótica, manufactura digital, medicina y nanomateriales y nanotecnología. En palabras de Diamandis:

> Cada año se impulsa a los graduados para que desarrollen una empresa, producto u organización que afecte positivamente las vidas de mil millones de personas en diez años.

Incluso los valores, que parecen más inamovibles y fijos, también pueden cambiarse o matizarse. Yo, de joven, era mucho más idealista. Hoy soy más pragmático.

Como criaturas tribales que somos, tendemos a juntarnos con quienes piensan de forma similar a la nuestra, y a atacar a los grupos que piensan diferente. Sería muy bonito que la gente, en vez de estigmatizar a quienes piensan diferente, por muy raro que nos parezca su pensamiento, se abriera a un debate. Dijera: vale, dime por qué piensas eso. Expón tus argumentos.

¿Capitalismo o comunismo? Vamos a verlo. ¿La democracia es mejorable? Vamos a verlo. ¿Tema trans y género? Hablemos de ello. ¿Legalización de las drogas y la prostitución? Debatamos. Sin prejuicios. Sin estigmas. Solo con la intención de ponernos en la piel del otro, comprender su punto de vista y, quizá, enriquecer el nuestro.

Todo se puede hablar. Si crees que hay algo intocable, estás diciendo que ya sabes todo lo que se necesita saber sobre ese tema. Justo la receta para no volver a cambiar nunca más. Necesitamos etiquetar a la gente, a la vez que nos resistimos a quitarnos nuestras propias etiquetas.

Hemos asumido que las dictaduras deben combatirse. Pero las dictaduras del pensamiento pasan desapercibidas. Y ese es un gran miedo que tengo, que la nueva dictadura esté en nuestras cabezas.

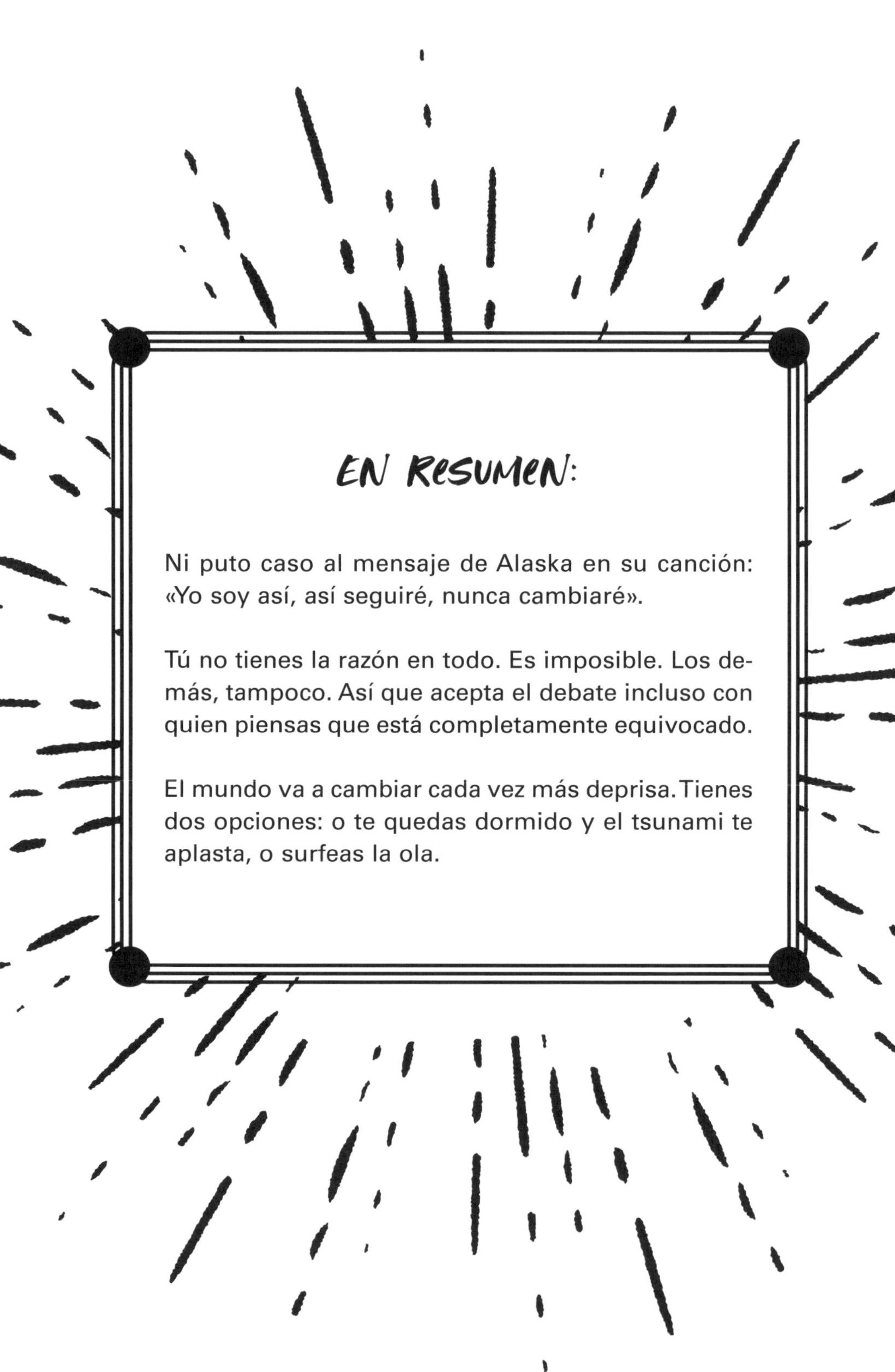

EN RESUMEN:

Ni puto caso al mensaje de Alaska en su canción: «Yo soy así, así seguiré, nunca cambiaré».

Tú no tienes la razón en todo. Es imposible. Los demás, tampoco. Así que acepta el debate incluso con quien piensas que está completamente equivocado.

El mundo va a cambiar cada vez más deprisa. Tienes dos opciones: o te quedas dormido y el tsunami te aplasta, o surfeas la ola.

Bibliografía

LIBROS

- *Abundancia*, de Peter H. Diamandis y Steven Kotler.
- *El futuro va más rápido de lo que crees*, de Peter H. Diamandis y Steven Kotler.
- *La singularidad está cerca*, de Ray Kurzweil.

PELÍCULAS

- *El círculo.*
- *Tomorrowland.*
- *El club de los poetas muertos.*

ESTUDIOS

- «Neural correlates of maintaining one's political beliefs in the face of counterevidence», *Scientific Reports*, diciembre de 2016.

11

RODÉATE DE LA GENTE APROPIADA

Yo soy yo y mis circunstancias.

José Ortega y Gasset

—¿Cuándo volveré a verla?

—¿Tanto significa para ti? —preguntó ella con una sonrisa cansada—. Boq, ¿de verdad significa tanto para ti?

—Ella es mi mundo —respondió él.

—Si ella es tu mundo, tu mundo es demasiado pequeño.

***Wicked*, de Gregory Maguire**

Los seres humanos somos seres sociales. Somos la antítesis del individualismo. Por mucho que yo me defina actualmente como liberal en muchos temas, entiendo que sin los demás no somos nada. De hecho, estoy convencido de que cada uno de nosotros somos la suma de las personas que nos rodean en nuestra vida cotidiana.

Porque nuestra forma de ser, de actuar, de opinar, incluso nuestros hábitos, dependen en gran parte de la gente que tenemos alrededor y de cómo nos comparamos con ellos.* Nuestro entorno, así, marca la diferencia a la hora de cómo decidimos vivir. A no ser que nos convirtamos en una especie de ermitaño o asceta perdido en una montaña, todos tenemos cerca un círculo social.

Si te rodeas de gente tóxica, de gente problemática, de gente egoísta…, tarde o temprano acabarás siendo contaminado. Como si esa toxicidad fuera una enfermedad que se expande rápidamente. Pero si te rodeas de gente que te aporta cosas buenas, que es educada, que te trata bien, que te da buenos consejos…, dispondrás de más facilidades para ser feliz y prosperar en tu vida.

* Como señala James Clear en *Hábitos atómicos,* si quieres que alguien cambie de opinión sobre un asunto importante, primero debes buscarle una nueva tribu social en la que pueda encajar.

El indicador sociométrico que todos llevamos dentro

Los seres humanos estamos moldeados fundamentalmente por:

1. Genes: predisposiciones innatas (biología).
2. Memes: entorno y cultura en la que nos criamos (cultura).

Los memes son el equivalente cultural de los genes. Unidades culturales que se propagan y copian como lo hacen los genes. Son palabras, expresiones, canciones, costumbres, religiones, bostezos... Todo es susceptible de ser contagiado. Hasta la manera de hablar de los demás.

Aparte de los memes, todos disponemos de un indicador sociométrico que nos sitúa dentro de cualquier grupo social. Un sistema de estatus que nos ayuda a competir con éxito, darwinianamente, dentro del grupo.

El indicador sociométrico nos ofrece *feedback* sobre nuestras virtudes y flaquezas: un niño de cuatro años siempre dirá que es el más fuerte de clase porque aún no tiene el indicador bien calibrado; una persona con depresión, tampoco; alguien normal tiende a creer que está por encima de la media.*

* *No hay dos iguales*, de Judith Rich Harris.

Dime cómo son tus colegas y te diré cómo eres

Siempre que conozco a un chaval que está perdido (en la vida), le pregunto:

¿Cómo son tus colegas?

Si la mayoría de sus colegas son ninis,* se pasan el día fumando porros o drogándose, están tan perdidos como él, tienen parejas tóxicas, o simplemente son una fuente de malos rollos y peleas constantes, mi consejo es que busque gente nueva, por mucho apego que les tenga. No digo que los rehúya para siempre, aunque puede que acabe siendo necesario, sino que se mezcle con otras personas diferentes. Que pruebe.

Si estás con gente tóxica, probablemente tú también acabarás siéndolo. La gente tóxica son como los zombis. O los mantienes a raya o te convierten en uno de ellos. Estar cerca de gente tóxica, aunque no lo hagan con malicia y te tengan aprecio, es como estar junto a un virus. El distanciamiento social, ahora lo sabemos muy bien gracias al COVID-19, es la medida más eficaz para evitar el contagio vírico.

A veces es muy difícil identificar a un amigo tóxico o a una pareja tóxica. Porque, a veces, son también personas encantadoras. O te producen picos de felicidad máxima. Pero, en general, son personas que restan más que suman.

* El término «nini» se emplea para referirse a jóvenes que ni estudian ni trabajan.

Por eso las personas tóxicas incluso pueden llegar a ser un poco adictivas, porque te nutres del recuerdo, de esos buenos momentos que pasaste con ellos.

Se parece al alcohol. Cuando te levantas con una resaca de cojones, te dices: NUNCA MÁS. Pasan unos días, y vuelves a pillarla porque recuerdas más ese momento bueno de la noche que todos los momentos malos que han venido después. La gente que no te conviene tiene un efecto similar.

La gente que te rodea importa tanto que hasta puede forzarte a pensar lo mismo que ellos sin que te des cuenta.

El inquietante experimento Solomon Asch

En la década de 1950, el psicólogo estadounidense Solomon Asch pidió a un grupo de personas que diferenciaran a simple vista la longitud de una serie de líneas dibujadas en la pizarra.*

Las dos líneas tenían distinta longitud, pero todos los que estaban en el grupo, menos uno, trabajaban en realidad para Asch y tenían ordenado mentir y afirmar con convicción que ambas líneas eran exactamente iguales.

* «Studies of independence and conformity: A minority of one against a unanimous majority», *Psychological Monographs*, 1956.

La presión del grupo hizo que la única persona que pensaba diferente al final, en la mayoría de los casos, acabara aceptando lo que claramente era mentira: que las líneas eran iguales.

Como sostiene Eric Funkhouser, investigador de la Universidad de Arkansas, en un estudio de 2020:

> De hecho, en algunos casos, las creencias (o los mecanismos de formación de creencias) funcionan para alejarse de la verdad.*

Esto ha hecho que yo sea muy selectivo con mis amistades, sobre todo en mi círculo más próximo. Aunque, por supuesto, también puedes equivocarte una, dos y tres veces. Sin embargo, la clave está en darte cuenta de la equivocación y arreglarlo. Si te defraudan más de una vez, es hora de pasar página, por mucho que te duela.

Todos tenemos taras. Pero hay gente que es una tara andante. Eso es lo que tienes que evitar.

Por supuesto, al final, tienes que calibrar si te vale la pena seguir luchando por esa persona. Si te compensa. Porque muchas veces seguimos junto a algunas personas, per-

* «A tribal mind: Beliefs that signal group identity or commitment», *Mind and Language*, 2022, <https://philpapers.org/rec/FUNATM>.

petuamos dinámicas, por simple inercia. Por costumbre. Por miedo al cambio. Por miedo a equivocarnos. El famoso «valorar algo de verdad solo cuando lo has perdido». Pero que este pánico no nuble tu racionalidad ni camufle una relación dañina que puede arrastrarte al lodo.

Si estás muy mal con esa persona, si notas que no te está haciendo bien…, entonces tienes que darte cuenta de que ha llegado el momento de alejarte de ella.

Soy mejor que tú

Ya en 1958, el economista John Kenneth Galbraith sostenía que muchas de las necesidades del consumidor no eran en realidad necesidades innatas sino necesidades inspiradas por la presión de los demás, de los amigos, de los colegas, del grupo:

> Las personas valoran lo que hacen no tanto por el dinero que ganan o por las cosas que consumen, sino por cuánto ganan y consumen en comparación con las personas a quienes conocen.

Por eso no es extraño que, como agentes comparadores que somos, prefiramos estar mejor que quienes nos rodean, pero no mejor en sí mismo. En un reciente estudio, por ejemplo, se plantearon estas dos posibilidades: a) Tu atractivo físico es 6 y el de los demás es 4; y b) Tu atractivo físico es 8 y el de los demás es 10. El resultado fue que el 93 % prefirió la primera situación.* Aunque la belleza absoluta sea inferior, preferimos ser más atractivos que los que nos rodean.

Eso no significa que debamos buscar solo a personas inferiores que nosotros para sentirnos mejor. Buscar a gente mejor también es un estímulo para mejorar. Si solo nos rodeamos de gente mediocre, por comparación, acabaremos siendo mediocres.

La nube de hábitos que flota a tu alrededor

Tus hábitos no solo los forjas tú, sino que serán más fácilmente asimilados y reforzados si el entorno los favorece. Nadie tiene la suficiente fuerza para enfrentarse a todo el mundo. Necesita aliados. Gente que le apoye, directa o indirectamente.

Hacer dieta, ir al gimnasio, estudiar, esforzarse... todo eso sale de ti, pero también puede ser vigorizado por tu entorno. Pero ojo, porque lo malo también se puede intensificar.

* *Conectados*, de Nicholas Christakis.

La obesidad se contagia por tu red social

El médico, sociólogo y experto en salud pública Nicholas A. Christakis, en su libro *Conectados*, ha calculado que si nuestro mejor amigo engorda, nuestro riesgo de engordar se multiplica por tres.

Y si las personas no están tan cerca de nosotros, a través de las redes sociales pueden llegar a influirnos igualmente: «El compañero de trabajo del marido de su amiga puede hacer que usted engorde. Y el novio de la amiga de su hermana puede hacer que usted adelgace».

Este contagio de la obesidad se produce con más fuerza entre amigos que entre cónyuges, porque somos más vulnerables a la influencia de nuestros iguales, con quienes competimos y nos comparamos:

> Si empezamos a correr regularmente para ponernos en forma, es muy posible que alguno de nuestros amigos haga lo mismo, aunque también es posible que, sencillamente, lo invitemos a venir con nosotros y acceda a acompañarnos. De igual modo, si empezamos a comer alimentos que engordan, nuestro amigo puede imitarnos; pero también puede suceder que lo invitemos a comer en restaurantes donde sirven comida alta en calorías.

La evidencia científica nos dice, una y otra vez, que somos en gran medida lo que nos rodea. Hay una parte que es biológica, que está condicionada por nuestros genes, pero muchas veces infravaloramos la parte no genética, la cultural. No la cultural desde el punto de vista de las películas que vemos, los libros que leemos o las clases que nos imparten en el colegio. Lo cultural en el sentido de las personas con las que hablamos, con las que competimos, con las que nos comparamos una y otra vez. Nuestra cultura grupal.

Incluso tu estado de ánimo, tu optimismo, tu pesimismo, tu odio hacia una u otra idea... todo está influido en parte por las opiniones de quienes te rodean, de sus estados de ánimo, de sus formas de comportarse contigo y con los demás.

La ciencia ha demostrado que «dime con quién vas y te diré quién eres» es una de las frases populares más acertadas del mundo. Así que si quieres ser la mejor versión de ti mismo, no solo debes cuidar la dieta o hacer ejercicio. Debes cuidar tu entorno. Las personas que van a contagiarte con sus ideas y sus actitudes.

Debes rodearte de gente buena, nunca tóxica, de la misma manera que debes respirar aire puro en vez de viciado.

Micromotivos y macroconducta

Al parecer, el cerebro no solo se adapta rápidamente a las opiniones de los demás, sino que también comienza a percibir la información a través de los ojos de la mayoría para evitar conflictos sociales dentro del grupo y, sobre todo, ser excluido. Porque no queremos estar completamente solos.

Por eso es importante escoger con quién nos conectamos más, tal y como explica en *Micromotivos y macroconducta* el premio Nobel de Economía Thomas C. Schelling:

> La gente influye en otra gente y se adapta a otros individuos. Lo que las personas hacen afecta a lo que hacen otras personas. Lo bien que la gente realice lo que desea realizar depende de lo que otros estén realizando. La manera como usted conduzca dependerá de la manera como otros conduzcan; el lugar donde usted estacione su automóvil dependerá del lugar donde los demás estacionen. Su vocabulario y su pronunciación dependerán del vocabulario y acento de otros. [...] Cuando usted se corta el cabello, cambiará, muy sutilmente, la impresión que otras personas tienen de lo largo del cabello de la gente.

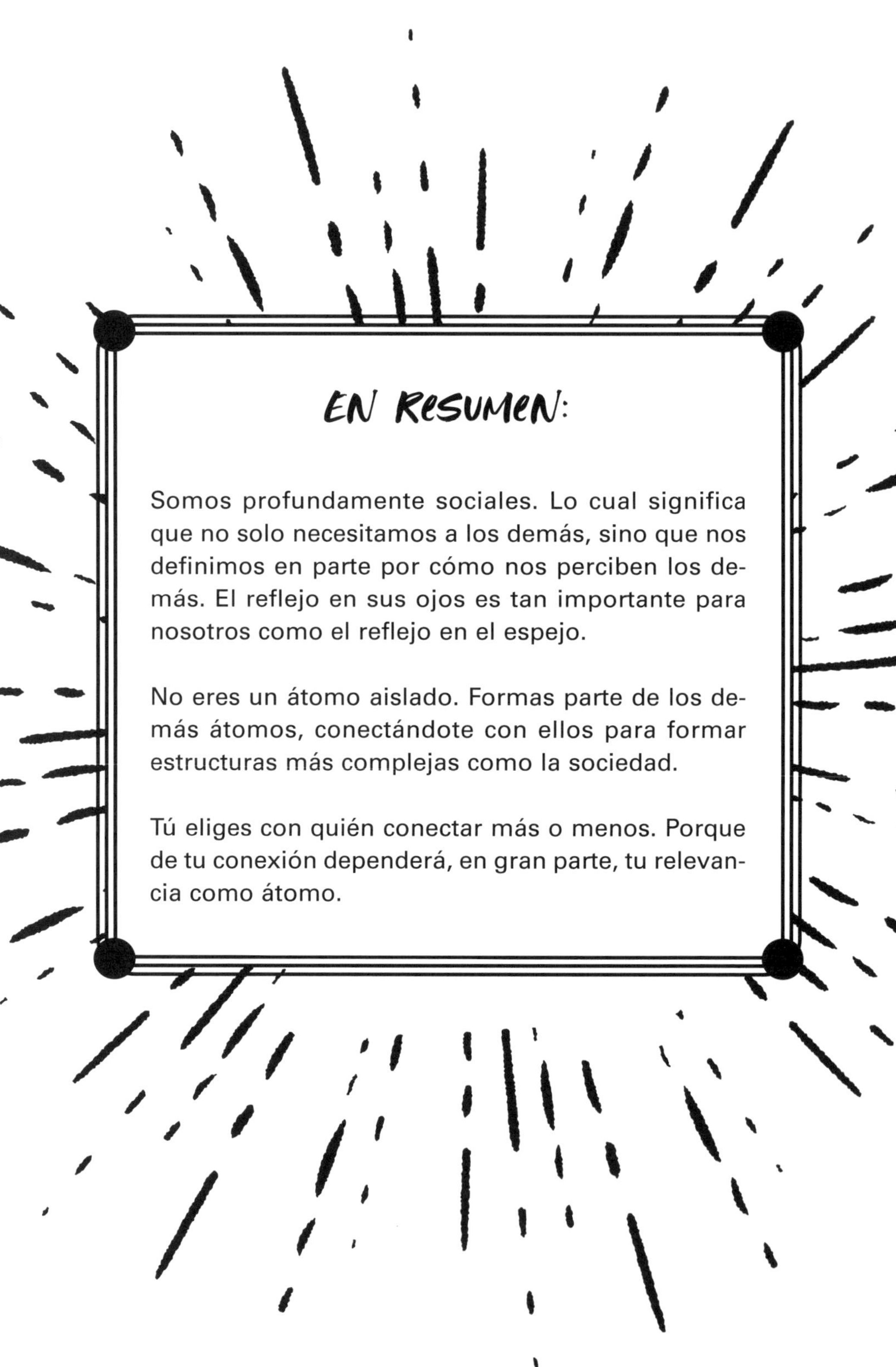

EN RESUMEN:

Somos profundamente sociales. Lo cual significa que no solo necesitamos a los demás, sino que nos definimos en parte por cómo nos perciben los demás. El reflejo en sus ojos es tan importante para nosotros como el reflejo en el espejo.

No eres un átomo aislado. Formas parte de los demás átomos, conectándote con ellos para formar estructuras más complejas como la sociedad.

Tú eliges con quién conectar más o menos. Porque de tu conexión dependerá, en gran parte, tu relevancia como átomo.

Bibliografía

LIBROS

- *Hábitos atómicos*, de James Clear.
- *La máquina de los memes*, de Susan Blackmore.
- *Conectados*, de Nicholas A. Christakis.
- *Inteligencia social*, de Daniel Goleman.
- *Micromotivos y macroconducta*, de Thomas C. Schelling.
- *No hay dos iguales*, de Judith Rich Harris.

PELÍCULAS

- *Cuenta conmigo.*
- *Thelma y Louise.*
- *Las ventajas de ser un marginado.*
- *El club de los cinco.*
- *El club de los emperadores.*
- *Reencuentro.*

ESTUDIOS

- «Studies of independence and conformity: A minority of one against a unanimous majority», *Psychological Monographs*, 1956.
- «A tribal mind: Beliefs that signal group identity or commitment», *Mind and Language*, 2022.

EPÍLOGO

ASÍ ES MI VIDA

Hay un pódcast de *The Wild Project* que no ha salido nunca. Es totalmente inédito. Y lo es porque desapareció. Después de tres horas y media de grabación con un invitado, hubo un corte de luz. Como no tenía un SAI (un Sistema de Alimentación Ininterrumpida) y estaba grabando en un formato de vídeo que si se colapsa se pierde, todo se fue a tomar por el culo.

No te voy a engañar. La ira se adueñó de mí.

No soy perfecto, cometo errores y ni siquiera todas las opiniones que he vertido en este libro las cumplo siempre. La vida a veces hace contigo lo que quiere. Por muchos consejos que pueda dar, yo cometo errores. Y cuando vi que había perdido para siempre el pódcast, me cagué en mis muertos y propiné dos o tres puñetazos no sé ni dónde.

Perdí totalmente los estribos porque para mí es muy importante mi trabajo. Por mucho que siempre intento relativizar los problemas, en esos primeros instantes de descubrir que se había ido todo a la mierda me fue imposible hacerlo.

Dos minutos después, volvió la luz y recobré la calma. Me dije: ¿puedo ir hacia atrás en el tiempo? No. ¿Mi invitado se tiene que marchar? Sí. Pues ya está, no puedo hacer nada más. Ese pódcast no existe ni existirá. Lo asumí y no dediqué ni un segundo más a atormentarme.

Esta es la última idea que quiero dejar aquí: si te equivocas, si no sigues ni siquiera tus propios consejos, no pasa nada. Es normal. Todos podemos tropezar o dejarnos llevar por la ira. Lo importante es que, más tarde, puedas recapacitar y no seguir insistiendo.

Mi pasado rebelde

Ya te he contado toda la teoría, pero tampoco quiero olvidarme de la práctica. Porque es muy fácil teorizar. Lo difícil es llevar a la práctica las teorías. Es entonces cuando aparecen más fácilmente los errores, y también cuando puedes aprender más de ellos.

Uno no siempre puede ser racional. Es importante no olvidarlo.

Mi infancia fue muy normal y feliz. No recuerdo especialmente ningún mal momento. Buenos padres, buen colegio. Una vida divertida, amigos, juegos, baloncesto, consolas, meriendas con pan y chocolate. Era muy activo. Un poco travieso, pero nada preocupante. Siempre he estado muy bien solo, no tengo hermanos y no los necesitaba. Me encanta estar con gente, pero no me agobia estar a mi aire.

En la adolescencia es cierto que entré en una época un poco más conflictiva. Se me cruzaron un poco los cables, cosas de la pubertad. Me metía en líos y no me gustaba ir a clase. También era un poco agresivo y contestón. Una especie de rebelde sin causa.

Eso duró unos tres años. Afortunadamente, no mucho más, porque me estaba planteando incluso dejar los estudios y ponerme a trabajar en cualquier cosa para ganar pasta. En la construcción, por ejemplo, porque en aquella época daba mucho dinero. Lo que fuera. Pero quería dinero rápido.

Estuve a punto de tirar mi vida por la borda, pero en el último momento me di cuenta de que no podía ir por ese camino. Decidí seguir estudiando y hasta acabé una carrera. Fue como un arrebato de madurez.

Un arrebato que coincidió con otra cosa que me pasó. Hasta ese momento, yo tendía también a darle muchas vueltas a las cosas malas que me pudieran pasar. Me decía una y otra vez «qué putada». Me perdía en una espiral de pensamientos improductivos. Pero una vez, cuando tenía quince o dieciséis años, tuve una revelación (tranquilos, nada místico) que cambió mi forma de pensar en muchas cosas.

Recuerdo perfectamente que estaba sentado en la cama, con mis manos entrelazando mi cara cabizbaja, dándole vueltas a algo que me preocupaba. No recuerdo exactamente qué me había pasado, pero fue algo que me molestaba mucho y que me daba miedo. Y ese día, en esa habitación donde había pasado tantas horas y horas, y después de estar un buen rato incluso al borde del llanto, me hice una simple pregunta que lo cambió todo:

¿Dándole vueltas al tema lo vas a solucionar?

Y una simple respuesta:

NO.

Cuando me di cuenta de que no podía cambiarlo, de que no me servía de nada estar tanto tiempo pensando en ello, mi cabeza hizo «clic» y, desde entonces, no pierdo el tiempo martirizándome. Después de ese día, afronté mis problemas de otra manera, desde un punto de vista más estoico, relativizando mucho más todo lo que me pasa. Si puedo cambiarlo o solucionarlo, voy a por todas y lo zanjo. Pero si no está en mi mano, sencillamente me olvido y paso a la siguiente pantalla.

No importa que sean problemas amorosos, económicos, familiares o de cualquier otro tipo. Sin duda, quizá un día me pase algo que no pueda controlar ni relativizar, que simplemente me hunda y me deje colapsado. Todavía no me ha pasado, pero si ocurre, seguramente sería algo que me afecte mucho a nivel emocional, como el fallecimiento de mis padres.

Lo importante no es ser perfecto, ni siquiera aspirar a la perfección. Lo importante es mejorar cada día.

La cuestión es que mi vida se encarriló. Quizá yo era tan rebelde entonces porque no podía gestionar correctamente mis frustraciones. No estoy seguro. La cuestión es que dejé de ser un rebelde sin causa y sin ganas de esforzarme por un futuro mejor a la vez que aprendí a relativizar mis problemas y dificultades.

Me saqué la carrera a la primera. Luego gané bastante dinero como modelo, hasta que llegó la crisis de 2008 y me jodió vivo, porque era un inconsciente y ahorré poquísimo. Intenté abrirme camino en el mundo de la interpretación, hasta que me fui dando cuenta de que no me sentía a gusto tratando de demostrar en un *casting* todo lo que llevaba dentro. Era una sensación rara, pero no me gustaba tener que gustar a los demás. Nunca se me dieron bien los castings, me sentía ridículo y pidiendo favores a gente que no conocía ni me importaba. Ni yo a ellos.

Entonces encontré YouTube, lo que me permitía tener contacto directo con el público. Sin intermediarios. Al principio, lo hacía fatal. Me grababa con la cámara de mi móvil apoyado sobre unos libros. Sin micro ni nada. Pero sentía que era mi camino. Sabía que era bueno hablando, que tenía cierto talento para comunicar. Solo era cuestión de seguir practicando para soltarme, porque siempre se me había dado bien la gente. Era un objetivo realista. Así que me tiré de cabeza hacia él.

Fue así como nació *El rincón de Giorgio*. Aprendí a grabar mejor, aprendí a editar. Me compré una cámara barata. Luego un micro, el típico que nos comprábamos todos en esa época. Y, aunque mis colegas pensaban que eso de YT no tenía ningún futuro, yo insistí, y al cabo de un año y poco empecé a tener cierto éxito. Pasé por subidas y bajadas, como ya he explicado anteriormente, pero todo eso me sirvió para aprender y crecer. Superé los obstáculos poco a poco, también cometiendo fallos. Porque a veces no hago lo que predico. Porque la teoría y la práctica son cosas diferentes.

Aún me acuerdo del día que se me ocurrió hacer el pódcast *The Wild Project*. Estaba conduciendo de noche, volviendo para casa después de pasar unos días en casa de mi ex. Tenía una hora y pico de camino y no me apetecía seguir escuchando música. Sin embargo, no había ningún pódcast en español que me llamara la atención. Me apetecía algo parecido a lo que hacía Joe Rogan en inglés. Y me dije: ¿por qué no lo hago yo?

El formato pódcast parecía hecho para mí, porque me moría de ganas de hablar de temas de actualidad, de poder opinar, y también de charlar con gente que me pareciera interesante.

Y me atreví a hacerlo, me atreví a cambiar. Y aunque podría haber sido un fracaso, resultó.

La he cagado muchas veces, he acertado, he aprendido y he mejorado. No todo ha sido un camino recto, sino que ha habido muchas curvas. Esa es la idea final que quiero llevarme de todos mis logros. Por muy espectaculares que hayan sido.

Estoy orgulloso de ser amigo de mis amigos. Estoy

orgulloso de haber cambiado cosas que no me gustaban nada de mí. Estoy orgulloso de *El rincón de Giorgio*, que me dio la fama. Estoy orgulloso de tener actualmente el pódcast número uno del mundo en español a nivel de audiencia. Estoy orgulloso de ser una persona influyente. De tener suficiente dinero como para poder retirarme si me apetece.

Pero el logro más importante de todos es otro: la relación que tengo con mis padres y con mi gente más cercana. Un logro que no me ha costado nada, porque siempre han estado ahí. El logro que menos mérito tiene, pero el que más valoro y más valoraré el resto de mi vida.

Y ASÍ HA SIDO LA PUTA VIDA

Querido lector/a:

Parafraseando al recordado y admirado Andrés Montes: «La vida puede ser maravillosa», pero como hemos visto, también una mierda cuando menos te lo esperas. Aun así, si conoces las reglas del juego y sabes lo que hay, siempre irás dos pasos por delante.

Espero que este libro haya cumplido con tus expectativas, que te haya entretenido y que te pueda servir incluso para reflexionar, mejorar e incentivar tu pensamiento crítico.

Por mi parte, he disfrutado como hacía tiempo que no lo hacía. Escribir esto, volcar mis ideas sobre el mundo, la sociedad, la evolución de uno mismo, meterles caña a los gurús de la autoayuda (que nunca está de más) de alguna forma me ayuda a hacer catarsis propia; y que mis pensamientos queden grabados para siempre en papel, un formato que adoro, me parece un momento álgido de mi existencia.

Aquí me despido, que quería hacer un libro corto y directo y, como siempre, me he enrollado de más, agradeciendo que me hayáis dado esta oportunidad y con la amenaza de que este no será mi último libro de este estilo.

Estad atentos.

Se os quiere.

Jordi Wild (Manresa, Barcelona; 28 de agosto de 1984) es un youtuber, podcaster y actor español. Conocido por ser uno de los creadores de contenido más originales, completos y con más seguidores del panorama actual, su canal *El rincón de Giorgio* suma millones de suscriptores, y su podcast, *The Wild Project*, se ha convertido en el más escuchado del mundo en español, además de haber ganado varios premios en los últimos años, entre ellos el premio ESLAND 2022 al mejor *talkshow*.